约翰·怀特教育文集
丛书主编 石中英

儿童的心灵

Routledge
Taylor & Francis Group

〔英〕约翰·怀特 著
John White

邵燕楠 译

THE CHILD'S MIND

教育科学出版社
·北京·

什么是儿童的心灵？它是如何运转的？父母与教师应该知道些什么才能有助于他们平时与儿童交往呢？

本书极其有趣，它对儿童的心灵生活做了非技术层面的介绍。针对那些没有哲学背景的读者，本书用简单、易懂的语言探讨并且解释了儿童心灵的核心要素，以免读者被复杂的理论吓倒。本书所探讨的领域包括：

· 儿童如何学习概念
· 信念、技能、知识的掌握与理解的实现
· 记忆的地位
· 我们能否给学生传授思考的技能
· 什么是智力
· 想象力与创造力
· 情感的发展

家庭生活、教育与学校课程之间的联系贯穿本书。教师、实习教师以及父母会发现，阅读本书的过程就是进入儿童心灵的迷人之旅。

怀特（J. White）是伦敦大学学院教育学院的教育哲学教授。他撰写了多本关于学习者的心灵、教育目的、学校课程等方面的专著。

丛书序言

我很荣幸有机会为“约翰·怀特教育文集”撰写序言。这套文集囊括的中文版著作和论文对应的外文版著作和论文是我在教育哲学领域主要的研究成果，它们的问世时间集中在1982—2016年。未来，它们将悉数被翻译成中文出版，对此，我的内心充满感激和期待。我希望这套文集能够引起中国的教师、教育学专业的学生、教育研究者和教育决策者的兴趣。我们生活在一个距离日益缩小的世界中，这使得跨越国界乃至洲界分享思想的机会日益增多，我很高兴目睹这一切并亲身参与这一全球性变革。我年轻时身处一个半封闭的族群之中，周围所见皆是白人面孔，很少能与世界上其他地区的人交流并建立联系，来自东亚地区的朋友更是一个也没有，那时的我无法想象在我的有生之年人们的视野可以像今天这样开阔。

这也是我得知石中英教授意欲组织翻译并出版这套文集时非常高兴的一个原因。石中英教授现任清华大学教育研究院院长、博士生导师，也是中国的全国教育哲学专业委员会主任委员。我和石中英教授已认识多年，我一直对他怀有很深的敬意。2000—2001年，他在伦敦大学教育学院（2014年与伦敦大学学院合并，更名为伦敦大学学院教育学院）访学时我认识了他。非常感谢他牵头组织了这项并不轻松的文集翻译工程，积极推动这套文集出版。

除了感谢石中英教授之外，我还想感谢李玢博士。李玢博士是教育科学出版社的前社长，也是《再论教育目的》[①]（*The Aims of Education*

① 中文版图书的书名以正式出版物的书名为准，下同。

Restated）早期中译本的责任编辑。她于 1989—1990 年在伦敦大学教育学院做访问学者，那时我经常看到她，也正是她激起了我想要更多地了解中国、中国人以及中国文化的欲望。在这里，我也要向李永宏、沈昌胜、刘瑀、励达广和桑新民教授等人表达感谢，感谢他们为《再论教育目的》早期中译本的出版所付出的种种努力。

《再论教育目的》试图用哲学的视角探讨学校教育的目的应当是什么以及不同的教育目的之间如何关联。据我所知，这是第一本集中探讨“教育目的”这个主题的专著，这也许会让人感到惊讶。我在该书开篇部分批判了当时一个主流的观点，即教育具有内在目的，其与出于自身之故而追求有价值的活动有关。我接着探讨了教育在帮助人们创造条件，使每个人都能过上一种充实的生活方面所能发挥的作用，以及这些意味着什么。我在这本书中指出，教育不仅要关注个体的幸福，还要关注整体的社会福祉，这与此书的一个主题有关，即教育的经济目的应当是什么以及这类目的怎样与增进人的幸福相关联。该书的另一个主题是在一个目的——在逐渐扩大的范围内促进人们对他人幸福的关心——的指导下开展教育，例如，首先在家庭和当地社区中开展道德教育，进而扩展到国家层面的公民责任教育等方面。就道德教育的途径而言，英国的一些理想主义者和格奥尔格·威廉·弗里德里希·黑格尔（Georg Wilhelm Friedrich Hegel）对“社群关系”的重视启发了我，具体内容可参见我与彼得·戈登（Peter Gordon）合著的《作为教育改革者的哲学家》（*Philosophers as Educational Reformers*）一书。在《再论教育目的》这本书中，我用了很大的篇幅论述各种教育目的之间的关系，包括个人的目的、道德的目的、经济的目的和公民的目的。所有这些交织在一起就形成了对受过教育的个体整体形象的描述。这又引出了其他一些主题，例如灌输、终身教育以及是否针对不同的学生应该有不同的教育目的等。我在这本书的最后一章探讨了教育目的的实现途径，这不仅涉及学校以及其他教育机构可以做些什么，也涉及整个社会需要做出哪些改变。

1997年，我出版了《教育与工作的目的：对工作和学习的一种新的哲学审视》(*Education and the End of Work: A New Philosophy of Work and Learning*)一书，感谢沈阳师范大学迟艳杰教授着手翻译这本书。在这本书中，我进一步阐述了我在《再论教育目的》中提及的教育的经济目的，尤其是职业目的。此外，我还讨论了教育应当在使年轻人为今后的职业生活做准备方面发挥何种作用，以及工作在生活中是否最优先，因而可以排在一切活动之首等问题。针对这些问题，我首先澄清了工作的本质。很多工作都是有报酬的，有一些工作是我们不得不去做的。然而，并非所有工作都是如此，比如，一位热爱写作的业余作家夜以继日地写小说和写诗。在论述了不同工作有所区别之后，我就工作在生活中的地位展开了分析，探讨了汉娜·阿伦特(Hannah Arendt)等哲学家的观点。很多哲学家都认可工作在生活中居于中心地位的观点，多数人认为劳动是人的本质的一部分。这些观点反映了一种现象，即由于受到新教工作伦理的影响，在英国和北美等地的文化中工作都处于中心地位。但是，工作处于中心地位是对的吗？我们应当将活动而非工作视为我们人类本质的核心吗？这些导向了对发达的工业社会中工作的前景以及教育在其中所要发挥的作用等问题的讨论。未来我们应该走向何方？是强化工作文化还是想办法用某物取代它？如何把以工作为取向的目的与让人们过上自主而幸福的生活这个目的关联起来？学生的学习应该在多大程度上以功课为中心，尤其是他们不得不做而且往往不愿意做的功课？有无好的替代方案？

接下来要介绍的书是《儿童的心灵》(*The Child's Mind*)，感谢首都师范大学邵燕楠副教授把它翻译成中文。这本书反映了我在教育哲学领域中除了教育目的之外另一个主要的研究方向——人类心灵的本质及其在学生学习过程中所发挥的作用。当谈及心灵及其功能时，我们也许会认为它们完全属于心理学（一种实证科学）的研究范围，但其实也可以从哲学层面反思这类主题。哲学层面的反思很大程度上与我们对自己所熟悉的一些相互关联的观念的非实证性反思有关。这些观念包括："思考""感到疼痛”“感到愤怒”“想要去做某件事”“运用想象力”等，而统领这一切的是“心灵”。这本书力图表明，明确这些观念对于弄清楚儿童是如何学习的非常重要。这本书的研究主题还包括：儿童如何学习概念，儿童如何形成信念、理解能力，儿童如何掌握知识和技能，技能是否可教，智力的本质及其测验，儿童情感的发展，儿童通过学习变得富有想象力和创造力，激发儿童的动机……。这本书用简单明了的语言对儿童的心灵做了非技术性的介绍，无论读者有无哲学背景，应该均能读懂。

第四本专著《儿童幸福与学校教育》（*Exploring Well-being in Schools: A Guide to Making Children's Lives More Fulfilling*）是由杨杏芳教授和赵显通博士翻译的。杨杏芳教授就职于华中师范大学，曾于2013年在伦敦大学教育学院访学，我们也是在那个时候结识的；赵显通则是伦敦大学学院教育学院的毕业生，目前在西南大学工作，从2014年起我和他就已经在很多事情上展开了合作。感谢他们不仅翻译了这本专著，还与石中英教授合作，为整套文集的出版做了大量工作。

从我写第一本教育哲学专著《走向必修课程》（*Towards a Compulsory Curriculum*）起，我便一直把个人幸福视作教育目的的核心，读者从我之前对《再论教育目的》《教育与工作的目的：对工作和学习的一种新的哲学审视》这两本书的有关介绍中可以清楚地看到这一点。《儿童幸福与学校教育》是对“个人幸福”这个主题的全方位拓展，它反映了我从早年开始写教育哲学著作以来关于幸福的思考是如何变化的。像《儿童的心灵》一样，这本书的语言比较通俗易懂，适合教师和其他没有哲学背景的读者阅读。围绕幸福，该书探讨了与之高度相关的诸多内容，包括宗教思想及其精神遗产，基本需求的满足，幸福与道德规范的关系，生命的意义，快乐生活的内涵，有价值的活动的含义，人们追求名声、财富与“地位性商品”存在的一些问题，等等。

除了以上著作外，这套文集还收入了由我近些年所写的多篇文章组成的论文集的中文版——《教育哲学的视界》，感谢杨杏芳教授和赵显通博士为这本论文集所做的工作。这本论文集收入了《幸福中心主义》(The Centrality of Well-being)这篇文章的中文版，我在其中简短交代了我自20世纪60年代以来在教育哲学领域所取得的研究进展。在其他几篇文章中，我从不同的方面探讨了教育与幸福之间的联系，并提出了诸如生活的意义、文化的功能，以及学生在多数人都陷入时间短缺的情况下如何过上充实的生活这类问题。此外，这本论文集中还有数篇论文涉及“何谓受过良好的教育”“学校教育的目的应当是什么”等问题，后者尤其关注在理论和政策层面小学阶段的教育目的。这本论文集中还有一些文章反映了我对教育领域中一些流行的理论、教育活动、教育制度等的看法，比如多元智能理论、儿童哲学、学校的考试制度等。这本论文集涉及的其他主题有：人文主义对教育的影响、民主社会的教育目的、教育哲学对于政策的重要性、当今世界的经济形势对于学生的影响等。

能够在中国出版这套文集，是我的荣幸。希望这套文集的出版，能够进一步巩固中英两国教育哲学领域的研究者之间的紧密联系。特别感谢这套文集的组织者，感谢这套文集众多优秀的译者，深深感谢你们以及我的其他中国朋友们，是你们使这一切成为可能！

约翰·怀特(John White)

2020年11月

目 录

致　谢

非常感谢伦敦大学教育学院的诸多学子，多年来，他们帮助我不断完善有关心灵及其在教育中的地位等方面的观点。我也要感谢伦敦大学教育学院，在我就职于此的岁月里，它在所有教育问题上都给予我无尽的启迪。

在我的心里，只有一个地方比得上这里，它就是伯克贝克学院（Birkbeck College）。这个学院也是伦敦大学的一部分。像教育学院一样，在夜晚，伯克贝克学院总是灯火通明。它是教师和学习本科生课程或其他课程的夜大学生的知识殿堂。

伯克贝克学院让我受益匪浅。我早年在牛津大学学习，但是那里使我陷入混乱。伯克贝克学院很棒，导师和学生热衷于反复讨论各种观点，它和牛津大学很不一样。

正是在伯克贝克学院，我开始了解心灵。我最开始是从彼得斯（R.S. Peters）那里知道了心灵。他当时开设了哲学与心理学的优等生联合课程，我选修了这门课。他是一位非常有才华的教师，为我们营造了安静的学习氛围，并且小心地不去打破它，让我们暗自苦思他所提出的令人费解的难题。

我还受益于哈姆林（D. Hamlyn），他用系统的、清楚明白的方式把我们引入心灵哲学，引导我们丢掉错误的看法，揭示联系，带领我们进入问题的深处。

现在，我要感谢劳特里奇 / 法尔默（Routledge/Falmer）出版社的编辑克拉克森（A. Clarkson），她始终不渝地支持我写这本书。

最后，需要交代的是，本书第5章的部分内容曾出现在我所写的《加德纳的多元智能可以叠加吗？》（Do Howard Gardner's Multiple Intelligences Add Up?）之中。

引　言

去年夏季的一天，我在一家酒店的阳台上享用午餐，在这个阳台上能看到德比郡的来斯克尔河谷。很快，我意识到大多数进餐者是在职教师，他们在参加一个培训活动。我听到一些教师说下午想出去随便转转，晒晒太阳。但是，到了下午两点钟，他们都乖乖地回到了酒店，参加接下来的培训。培训室的门敞开着，我离开酒店的时候，正好经过那里。教师们头上方挂着一幅脑细胞图。培训者边指着两个脑细胞之间的连接处边说："这就是学习"，"学习发生在大脑通过神经元的突触传递信息的时候"。

如果这些教师花一个下午在来斯克尔河谷走走会不会更好？我不知道。他们回家后，对儿童的学习是什么有了更多的了解？神经生理学课程对他们的日常工作有多大帮助？

让人觉得悲哀的事情是，教师们一定早就对"学习是什么"有了合理的认识。既然他们花时间让儿童学东西，他们怎么会没有想法呢？也许，他们对这个主题的领悟不是十分系统或者具有良好的理论基础，他们的领悟源于自己独特的经历。但是，既然他们想对此有更多的认识，那么，获得更多认识的最佳方式是什么？学习有关大脑的事实，就能使他们头脑中早已意识到但未经反思的东西变得更加清晰吗？

我对此表示怀疑。学习突触可能有助于我们知道学习这件事发生所必需的生理条件，但是，教师在工作时常常不需要知道这些。儿童学习时，他们大脑中所发生的一切有别于学术界对学习本质上是什么的定义。

有另外一种方式能帮助教师和父母加深理解，本书就是为此而写。

2 “心灵如何运转”这个问题远不止一种意义。平克（S. Pinker）以此为书名，写了一本很有趣的书。该书解释了为什么我们具有心像（mental images）、会感到厌恶、想要生孩子（Pinker，1997）。他探讨这些事情发生的基础机制（underlying mechanisms）。他发现，基础机制主要存在于大脑活动中，而大脑活动被理解为计算，并且，更宽泛地说，进化的视角描述了为什么我们人类这种动物开始具有我们所拥有的心灵生活（the mental life）。

本书也探讨心灵——更具体地说是儿童的心灵——是如何运转的，不过要更加直接一些。与对诸多现象本身及其彼此之间的关系的分析相比，平克对诸多心灵现象的原因的分析更加切中要害。我们都知道，我们的心灵生活好像分为几个不同的领域：思想、记忆、感觉、情感、欲望等。它们中的绝大部分——如果不是全部——就养育孩子、教导孩子而言，极为关键。对于它们是如何运转的这个问题，每位家长和教师要理解到何种程度，其才会成为他们素养的一部分?

在这个意义上，理解儿童的心灵是如何运转的，就是多理解情感、信念、想象等是什么，就是要多理解它们之间复杂的、多方面的联系。以上这些都是儿童的心灵本质的一部分。从更加整体的角度来说，我们要理解心灵的本质。

有些哲学书籍从自己的角度研究过这些问题。本书更加关注现实，始终把教师和父母的需求考虑在内。本书每一章的宗旨，不仅在于阐明儿童心灵的某些方面，还注重探讨它们在教育中的应用。例如，在第 2 章中，我首先论述了什么是概念，之后论述了儿童是如何掌握概念的；在第 9 章中，我首先呈现了情感的一般特征，之后探讨了情感教育的契机。在这篇引言的后面，我将逐章进行更加全面的论述。

本书也与当前教育争论中的问题有关。假设你是一名教师，你想要对政府所提倡的“思考技能”“创造性发展”等时髦的概念形成自己的想法。你也想知道在教育界和媒体中突然冒出来的有关智力和智商问题的争论中，你要支持哪一方。你意识到当今的心理学家正在对“情商”大书特书，主张情商与智商对于学校同样重要。你刚参加过在职教师培训，对这样的信息——学习全是关乎大脑状态的改变——依稀感到不安，但却说不清原因。

现在我来回答一个悬而未决的问题：教师和父母不需要进一步了解上
面几段所提到的问题也能做好他们的工作。但是，有些人发现这些问题令 3
人心生烦恼，想要更清楚地了解它们。

如果你是他们中的一员，当你寻求对上面所提到的诸多现象以及这些现象之间的联系有更为全面的理解时，其实意味着你可能想知道“心灵是如何运转的”。神经生理学或者脑部计算机模型的研究有助于你厘清想法吗？你对此并不确定。你只知道，如果你想恰当地做好自己的本职工作，你必须对此有更清楚的认识。

心理学是心灵的科学，但是，你在心理学方面的经历可能让你感到失望。心理学是教师教育课程，你那时可能读过奇怪的书或者文章。书名、文章的标题看起来让人十分向往：婴幼儿的心理、训练思维、激励学生在课堂上学习、多元智能、创造力与学习等。但是，不管主题如何吸引人，这些书从来都没有很好地传授知识——至少不是你想要的知识。它们能给你理论——皮亚杰的理论、斯金纳的理论、布鲁纳的理论。它们描述实验和案例、探究大脑的工作机制、呈现图表。但是，对你来说，它们从未融合在一起。你有理论的碎片，而不是整个理论的画卷。它们给了你孤立的标记——大路、田间小径、森林、电力线、风车，但你一直需要的只是一幅地图。

本书的目的是提供一幅有关儿童心灵及其主要特征的地图，揭示这些特征之间的联系。本书尤其关注父母和教师可能会感兴趣的东西。心灵是教育者的原始材料，它们是教师和父母要加以塑造的东西，就好像雕刻家要雕刻大理石一样（我意识到这种比喻不应该过度）。如果雕刻家知道大理石的一般属性会有助于他们开展工作，那么教育者对什么是心灵、它是如何运转的、不同部分彼此之间如何配合等有所了解，也将有助于教育者开展工作。这种知识类似于雕刻家的知识，使得教育者相对来说能少犯错误。更加积极地说，教育者平时在养育和教导儿童的过程当中，这种知识指导着他们，但他们常常没有意识到这一点。

4 地图不能为你提供详细的地形知识。你想要知道关于儿童心灵的所有知识，但是这本书不会告诉你一切。它能给你的是一个框架。这个框架既描述了儿童心灵的基本特征，也解释了为什么说不理解心灵的其他部分就不可能理解心灵的任何一个部分。

如何做到这一点？我们最好通过探讨儿童心灵的不同特征，让这种方法在书中展现出来。只有一点需要在这里指出。接触心理学或者哲学之前，我们每一个人都早已对心灵——包括儿童的心灵——是什么样子、必须是什么样子具有一些不成熟的看法。这些看法多半是模糊的，深深地隐藏在我们关于身与心、思考、知识、记忆、心像以及自我等方面的思想结构中。有一项工作必须要做，那就是阐明这些不成熟的看法，以便我们能厘清它们，将它们与那些可能与之混为一谈的不太可靠的概念区别开来。

教学法历史悠久，因此，本书始于你已经知道的东西。关于儿童的心灵是如何运转的，本书摘取了前面所提到的前哲学的理解，并且邀请你参与哲学上初步的清思。就这样一点一点地，本书希望能描绘出更加完整的、精确的图景。本书并不向你罗列大量新的事实（尽管这幅图景的确涉及事实，比如，有关人类与动物之间的相似之处的事实）。与所有其他哲学书籍一样，本书旨在对你可能一知半解的东西提供更深刻的洞见，为你形成更加系统的、相互联系的心灵方面的概念化认识开辟道路。因此，本书既可以作为教师和父母养育儿童的实践指南，也可以作为他们认识自我的途径。

我刚才说这本书可以作为实践指南，但是我并不想对此说太多。本书的出发点不是向你提供一些招数，告诉你在具体的情境中做些什么。比如，在动机这一章中，对于如何鼓舞士气低落的班级，它并没有给出详细的建议。本书的实践意义在于，它是你背后的支持，全面地帮助你提升薄弱的核心理论素养。

有一些研究谈论的是世界是什么，而有一些研究谈论的则是世界上的善应该是什么样子。本书所处理的问题属于第一类。它勾画出世界的一角——儿童心灵的领域。但是，本书讨论许多话题时也涉及伦理学方面的问题。儿童想象力的哪些方面应该被鼓励？为什么？是所有的想象力都应该被鼓励还是只有一些应该被鼓励？用何种方式来鼓励？学校应该教授普遍的思考技能吗？父母和教师应该完全依赖内在动机吗？

在本书中，我所采取的策略是欢迎这些伦理学上的问题，即使它们不
属于本书所属的哲学分支——心灵哲学。偶尔，我会用一些篇幅来探讨这 5
些问题。但是，更多时候，我只是简单地指出，我要穿过一个哲学领域，进入另外一个哲学领域，我努力驾驭争论，让它回头。我的想法是尽可能地保持清晰的线索。本书基本上是把心灵哲学应用于儿童教育领域的著作。它紧紧围绕着这些问题展开：在养育儿童和学校教育方面，我们应该做些什么。许多问题引导我们走向基本的问题，即，一般而言，教育的目的是什么？对于这些伦理学上的问题的探讨，则是另一本著作的事情。如果你想要追问这些问题，你能在每一章末尾的拓展阅读部分发现零星的参考文献。

拓展阅读部分体现了这本书的风格。我的目的在于，用可读的、直接的方式，为对相关主题感到陌生的读者介绍儿童心灵方面的哲学观点。我想让他们明白，在他们与儿童交往的过程中，这里所讨论的问题十分重要。为此，我坚持不用脚注，并且在很大程度上不引用其他哲学家的论述（尽管这本书依赖他们大量的研究），对可读与易懂的考虑占了上风，换言之，对它们的考虑胜过了常规的学术写作习惯。

如果你想要进一步探究一般的心灵哲学——也就是说，不需要把其应用于教育，那么你会发现，每章末尾的拓展阅读部分十分有用。在拓展阅读部分，我也常常谈及教育哲学应用方面的研究，包括一些经典的文本，也包括最近的著作。

无论你是教师还是父母，或者是学习心理学的优等生，或许你更加关注心理学而非哲学。若果真如此，那么，你会在本书中发现关于心灵主要特征的地图（在心理学的文献中，你很难发现这幅地图）。专业心理学是对心灵的科学研究，但它常常无法让人看到心灵及其主要领域的全貌，这总是令我感到奇怪。本书的另一个旨趣就是弥补这种缺陷。

我现在逐章介绍这本书。

第 1 章着眼于全局。作为一个整体的儿童的心灵，它有别于其更加
6 具体的领域。心灵等同于灵魂（soul）吗？或者心灵等同于精神（spirit）吗？它能够被等同于才智（intellect）——正如学校课程中的种种信息所暗示的那样——吗？我们要如何查明心灵是哪一类事物？它与众不同的特征是什么？意识是它的关键部分吗？若果真如此，那么无意识会是怎样的情况呢？只有人类有心灵吗？或者说，其他动物也有心灵？这一章告诉我们，不是儿童心灵的所有特征都令教育者感兴趣，只有那些——比如，不是头疼脑热的部分——能够通过学习得到改变的部分才令教育者感兴趣。本章更为深入地探究心灵当中那些与教育相关的部分。此时，概念与概念的学习成为我们关注的焦点。但是，第 1 章对这些只是做简单的介绍，更为完整的论述将在第 2 章展开。

在第 1 章结束之前，需要就第 1 章与附录如何联系在一起多说一些。附录的题目为“心灵缀语”。关于我们的心灵生活有一个很大的谜题，即它如何与我们的肉体相联系。从柏拉图和亚里士多德的时代直至今日，心身问题一直让哲学家备受煎熬。事实上，今日心灵哲学领域的哲学家，几乎只单独关注心身问题。近年来，对这个领域的讨论日益复杂，并且越来越技术化，这毫不令人奇怪。本书源自我与一些教师共事的经历，它走向了不同的方向。它建立在这个主张之上，即，尽管更加技术化的材料在本质上很吸引人，而且很重要，但是与更加综合的对心灵的探讨——旨在呈现其主要的领域以及这些领域在教育中的地位——相比，它很少直接帮到父母、教师以及一些学过心理学或者哲学入门课程的人。与此同时，对心

身领域研究的简短介绍似乎又是有益的，因此就有了这个附录。我在后面会再次论及这个问题。

与第 1 章相比，第 2 章进一步探讨概念的本质以及儿童对它们的掌握情况。什么是概念？它们是我们头脑中的观念吗？它们依赖语言的使用吗？如果是这样，这是否就意味着动物[①]不能拥有概念？这一章视野较宽，论述了狗、猫和其他物种能够拥有的形成概念的能力，其在人类生活中也扮演着重要的角色，特别是在养育儿童的过程中。依赖语言的概念被视为单独的主题，它们的主要特征在这一章得到了阐述。这一章的第一部分会离题一会儿，论述当前流行的儿童哲学。

第 2 章的第二部分探讨概念如何被儿童掌握——如果它们真的被儿童
掌握了，那么，它们就不同于儿童的先天观念（这些先天观念是儿童遗传 7
基因中的一部分内容）。儿童掌握诸如蓝色这样的概念，是通过提取他们所经历过的蓝色事物的共同特征而实现的吗？就好像“发现学习”这类说法所宣称的那样吗？在多大程度上，儿童能自己掌握概念？在学习概念的过程中，儿童的社会关系有多重要？儿童必须被特意地引入概念的世界吗？

第 3 章在前两章的基础上展开论述，主题是信念及其在儿童牛活中的作用。随着我们长大，我们的心灵储存了无数相互关联的信念，其中有一些是错误的，或许大部分都是对的。这些信念共同构成了“我们据此航行的地图”，这也是这一章标题里的字眼。教育的一部分内容是引导儿童远离错误的信念，靠近正确的信念。正确的信念是知识的根基。（但是，如果我们对真理孤注一掷，会不会阻碍儿童展开幻想的翅膀或者享受想象的愉悦？）在简短地对知识的主要类型以及它们和教学之间的关系进行介绍之后，这一章在结尾部分介绍了记忆及其在教育中的地位。在官能心理学

① 此处对应的英文表述是“non-human animals”，如果直译，则是“非人类的动物”。由于这个译法文字较多，影响阅读，这里将其译为“动物”，但请读者注意，“动物”在这里的外延不包括人类。——译者注

盛行的那些日子里，记忆训练——常常是死记硬背——是教育标准的一部分。如今它仍有一席之地吗？

第 4 章考察了看待心灵的一种方式，现代教育者一直认为这种方式很有吸引力。这种方式把心灵类比作某种生物——植物的一粒种子或者动物的一枚受精卵。它就好像苹果核，一旦具备适当的条件，就能按阶段成长，进而成为成熟的苹果。儿童的心灵也是如此，它按阶段发展，越来越成熟。这种看法与家庭养育、学校教育的某种观点一致，尽可能地给天性的引导留有余地。但是，这种看待儿童的心灵的方式，能在多大程度上被人接受？这种生物学类比能够经受住批判吗？如果社会塑造和第 2 章中所指出的形成概念（的能力）一样重要，那么，按照发展主义者的养育思路，它更多的是妨碍儿童学习而不是帮助儿童学习？

心理学家与哲学家都是心灵的研究者。这两类研究者在研究方法上有何不同？其中的一个例子可见本书第 5 章。这一章探讨智力的本质。儿童的智力与智商之间存在什么样的关系？智力是生物学现象吗？它是儿童先天就有的吗？或者说它是社会所塑造的？这两种观点都有心理学家支持。有些心理学家放弃与智商有关的论述，转而提出“多元智能”，比如加德
8 纳。哲学家的一部分工作就是检验各种心理学观点在逻辑上的可信度，另外一部分工作就是更加直接地考察智力这个概念是如何被人理解的，它如何与其他心灵现象以及本书所讨论的养育概念联系在一起。

第 6 章与思考有关。这一章明显也与智力那一章有关，并且建立在前面几章结论的基础上。越来越多的父母和教师不仅想让儿童学习事实，还想让儿童学会独立思考。在英格兰和威尔士，最近出台的政策反映了这点要求，即在国家课程中纳入对一般的思考技能的教授。但是，什么是思考？我们如何把握这种触摸不到的现象？有些人相信存在一般的思考技能，这种信念有充分的依据吗？教育工作者也常常对开发学生各种类型的思考技能抱有热情，他们认为有不同类型的思考技能。通过国家课程传授一般的思考技能和这种想法有关系吗？这一章探讨这些问题。为此，它反

对这种假设，即思考只是一类事物。思考具有几种十分不同的形式，它们都应该在教育中有一席之地——也许，这一位置与当今最为流行的优先次序极为不同。

第 7 章源于第 6 章中探讨的问题，因为当儿童运用想象力时，他们就处在某种思考状态中。当人们问自己“什么是想象力”这个问题时，人们再一次陷入迷茫，不知如何回答。当我们试着抓住那些抽象的、难以把握的词语——我们用它们来描述我们的心灵生活，如，“信念”“概念”“意识”“心灵”“感觉”——时，我们困惑不已，进而感到沮丧，人们都会遇到这种情形。这一章要展示如何消除与想象力相关的困惑。这一章表明，让人把握不住的宏大的问题如何被拆分为许多小的更容易把握的问题。事实上，这一章认为，想象力不是一个概念，而至少是三个概念，它们在推动儿童心灵发展的过程中至关重要。儿童不仅在自己的心灵中“看”图片，他们也让自己站在他人的立场上，或者说他们也被鼓励着对科学中的物理事件或者历史中的社会事件提出假设。最终，何为创造性？教育者一直都在追寻这个令人着迷的概念。它在儿童的学习中扮演着什么角色？

对于教师和父母来说，如何激励儿童学习总是头等大事。对于这个问题，第 8 章并不准备给出具体的、实践层面的建议，但是，这一章的目的是勾画这个主题的大纲，凸显其在教育中的重要特征。儿童是积极主动的生物，要理解他们的动机就需要置身于比较广阔的背景中，即对人的主动性要有所理解。这一章前面的几个部分探讨了愿望和信念在儿童的行为中所扮演的角色以及如何在教育意义上对它们进行塑造。这一章的后面探讨了教师和父母能够依赖的不同类型的动机——内在动机、纯粹的工具理性动机、部分 - 整体动机。这一章也探讨了动机自身作为一个主题在儿童教育中的内涵。它与人对自我的认识和对他人的理解的加深有关。 9

儿童的情感生活是第 9 章的主题。生气、骄傲、恐惧是什么类型的现象？当儿童感受到一些情绪时，其他人能观察到吗？是否就像儿童感到饿了一样，其他人是观察不到这类内部现象的？若如此，教育者除了用英国传统的方式鼓励儿童“咬牙坚持”之外，还能做些什么？这一章论证了看待情感的一种不同的方式，专注于情感中所蕴含的思想，以及通过教育发扬和挑战这些思想的方式。这一章也探讨了父母和教师能够在另外一个方面有所作为——塑造儿童的情感表达以及它们在儿童的行为、性格形成中所扮演的角色。这一章以爱的教育这部分内容作为结尾。

第 10 章抛开了心灵生活的具体领域，全面地探讨完整的儿童。儿童是人，拥有自我。但是，什么是能思考、感受到疼和具有欲望的自我？自我能够以内省的方式被发现吗？它等同于心灵或者灵魂吗？或者它等同于身体吗？又或者它等同于我们意识流中的东西吗？另一个问题是，自我能够与主体的体验——类似于“我感到饿”或者“我想我知道路”这样的表达——画等号吗？这一章的最后一个部分介绍了自我发展的几个阶段——从出生到儿童后期的发展阶段。儿童对人称代词的掌握发挥了何种作用？儿童的自我意识——其紧随着儿童对人称代词的掌握——发挥了何种作用？

一些读者可能希望我用本书的最后一章来作为书的开头，因为最后一章提出了儿童整体发展这个全局性的问题。随后，这些读者可能会发现，最好还是回到第 1 章，然后按照顺序来读。而有些读者可能倾向于直接从第 1 章开始读，然后用同样的方式读完这本书。从前面的概述中可以很清楚地看到后面的章节建立在前面章节的结论之上，因此，按照顺序来读可能是最佳方式，这样读下来后读者可以系统地了解心灵及其分支的全貌。

本书结束于附录部分。我在前面早已指出，附录的题目是“心灵缀语”。这个部分的问题我曾在第 1 章中简单地提及，即心灵如何与身体相关，尤其是心灵如何与大脑相关。这一章脱离了本书的主要部分，即在教育上比较直接的应用，转而关注心灵哲学家们主要关心的问题。20 世纪后期有很多人试图去挑战由笛卡尔所奠定的 17 世纪形而上领域中心灵与身体是分离的这一观点。笛卡尔的观点——心灵和身体在大脑中具有因果上的联系——被各种各样的物质主义者（physicalist）的理论取代，每一种理论都用不同的方式宣称不存在独立的领域，心灵现象并不高于、优先于物质现象。然而，并不是所有的当代哲学家都信奉物质主义。例如，有些哲学家认为，当我们感到疼的时候，物质主义并不能描述我们的体验是什么样子。毫不奇怪，哲学家在这个问题上花了许多时间，因为从根本上说，这个问题关乎现实的普遍本质，即现实完全是物质的或者现实完全不是物质的。这个部分介绍了近来一些最著名的理论。这个部分也提醒我们，我们越沿着这些形而上学的主干道前进，就越有可能远离与教育直接相关的道路。

第1章　什么是儿童的心灵？

11

两种视角

什么是儿童的心灵？

有两种方式看待这个问题。在古代，人们认为人本质上是一个永恒的灵魂。在世俗的生命中，灵魂具身化。我们的身体与其他动物的身体不同。我们的灵魂赋予身体生命，这种生命使得我们在恰当的理性的控制下保存动物的本性。在我们死后，虽然我们的身体会腐烂，但是我们精神的官能以某种方式继续存在。毫无疑问，不是所有的官能都会继续存在。有些官能（痛觉、嗅觉、与恐惧相伴的紧张不安）与身体紧密相关，当我们死后，它们也会消失。但是，在这些容易看得见的现象之外，我们的精神性特征则更加微妙、更加细腻，其对身体的依赖不是很明显。也许，这些精神性特征指向我们进行抽象的思考、冥想、坚守信仰、记住事物的能力。当我们死后，只有我们心灵中更加高级的部分会继续存在。一些观点指出，它是我们高级的、反思的部分，被称为灵魂（soul）；它是我们真正所是。

今天，许多人反对这个观点。他们会说，这种观点没有科学依据。没有证据表明我们死后还“活着”。或许，我们在死后还“活着”这个说法本身毫无意义。我们需要从我们已知的东西开始，而不是从神话故事开始。我们知道，人类是一种动物。就像其他物种一样，我们由其他生命演化而来。我们的心灵不是与身体有别的实体，也不是比身体更加长寿的实体。我们的心灵生活是其他动物心灵生活的延续。有一些动物能够做出智能化的行为，能够感到害怕，能够感到身体上的疼痛，能够拥有视觉、听觉、嗅觉。只有在更广泛的生物学背景中，人类特有的属性，如抽象思维和创造性思维，才能够被理解。

12 教育学家克拉克（F. Clarke）曾提出："教约翰尼（Johnny）长除法的最终原因是他是一个不朽的灵魂。"（Clarke，1923，p.2）你会发现，今天在这个更加世俗的社会中，很少有人会这样说。然而，古代的观点以某种更为微妙的方式在我们今天的日常生活中存在着，而我们有时没有察觉到其存在的方式。

其中，它影响了教育领域的观点。如上所述，它认为，如果灵魂或者心灵能够比身体活得长久，那么这两者一定是分离的。心灵永存的这种基本属性与身体没有一点关系。身体的疼痛、感知觉、吃饭的欲望、喝水的欲望、性的欲望在身体缺失的情况下毫无意义。但是，思考，至少是某些思考，却与这些有所不同。越远离对身体的关注，儿童的思维就越接近他们的本性。

我们从中看到了传统观点的影子，它可以回溯到柏拉图，经由笛卡尔形成。在他们的影响下，我们仍旧依赖抽象的思考。在学校课程中，数学被赋予高贵的位置。并且，个体完成抽象的任务——它们被用于衡量智商——时的表现被认为是对自己的智力的最佳展示。

除了数学和与数学有关的学科，如科学，典型的学校课程还包括其他学科，这是毫无问题的。学校的课程也包括学生的本民族语言、外语、历史、地理、艺术、音乐、体育。即使这样，在许多教育系统中，这些学科也具有某种等级顺序。知识性越强的学科（比较关注知识掌握情况）越重要，然后才是艺术和体育。这就好像最抽象的学科，例如数学，被放在一堆学科的最顶端，它下面的那些学科按照它们与数学这个抽象的理念之间的联系的紧密程度来获得级别。

最近，我为英国一家全国性的机构做学校课程研究，这个研究很好地说明了这一点。通过研究，我发现了一种对应关系，即学校课程的新目标与英国十二门国家课程的特殊要求之间是对应的。我按照学科的**字母表**顺序汇报了我的研究结果。首先是艺术与设计（Art and Design），接下来是公民（Citizenship），之后是设计与科技（Design and Technology）。这种顺序似乎再明显不过，我想都没有想。

但是，这让接待我的机构官员们十分惊讶。他们理所当然地认为我会遵照政府文件中的顺序，即英语、数学、科学、设计与科技、信息与通信技术、历史、地理、现代外语、艺术与设计、音乐、体育、公民。 13

隐藏在这个顺序中的，是官方对课程重要性的排序。这个排序（没有完全得到承认）普遍地反映了历史传统赋予抽象的、理论性的知识以优先性。

我们谈论儿童时经常会说的一句话是“她很有才”，我们指的是她在体育馆里展示出来的高超技艺，还是她画画或者吹奏单簧管的能力？几乎都不是。我们指的是她在知识导向的学科比如数学、科学、历史、语言中展示出来的智力。她的理论思考能力才是我们关注的重点。我们认为各类艺术是比较低等的，因为与对真理的理性追求相比，它们更多地与感官的愉悦、情感和想象有关。

体育也是一门课程。这个名字恰恰反映了心灵与身体之间的尖锐对立。在学校的学科等级中，体育通常低于知识活动，健康的身体被看作健康的心灵的必备条件。健康的心灵寓于健康的身体。在英国的公学传统中，如果身体类的团队活动中肌肉锻炼项目越多，那么这种活动就越有地位。但是，即使这样，这里的基本理念依然是驯化身体，保持对身体的操练，让身体健康地劳累，进而控制性生活，只有这样，心灵才能更加自由地运行。

我们的文化倾向于把心灵与身体分开，并且认为前者高于后者。这起初常常是出于宗教原因，此外也有社会学方面的原因。这种等级传统在各种学校也得到了贯彻。在文法学校、私立学校、大学中，抽象的、其他的智力活动与精英教育的联系最为密切。传统的面向大众的教育体系的目的更具有功利性，其主要是让人们适应以**体力**劳动为主的生活。

一位成功的温室植物栽培工厂的厂主这样对我说他的儿子："他不是一位学者。"他的儿子刚刚参与他的生意，将来有一天会接管他的工厂。我想反问他："为什么你的儿子应该是位学者？"

传统概念存在的问题

如果用传统概念所要求的方式来思考的话，儿童的心灵与身体能够分离吗？

14 对于世俗的思想者来说，柏拉图－笛卡尔主义关于心灵与灵魂（身体死后仍旧存在）之间有关联的认识显然是有问题的，对于那些接受进化论的人来说，人类和动物之间存在绝对的区别。猫、狗、大猩猩没有心灵生活。这是真的吗？

心灵是某种永恒的实体或者物质这种假设也有问题。我们非常熟悉椅子、桌子、石头、星星等物质性的实体。我们认为它们占据了一定的空间，具有长和宽，具有一定的重量，等等。但是，心灵是哪种类型的实体？它好像不是在空间中存在的实体。它是只存在于时间中而不存在于空间中的实体吗？

"心灵"是个名词。正因为如此，我们不应该匆忙得出结论，认为它指代了某种物质，就好像其他名词——"星球""衬衣""海黄瓜"——所指代的物质一样。我们也使用诸如"愚蠢""气愤""骄傲"这样的词语，但并不认为这些词语所指代的东西在世界上某处存在。我们把它们理解为抽象的词语，由与其所对应的形容词"愚蠢的""气愤的""骄傲的"变形而来。如果我们从"心灵的"这个形容词开始，我们有可能对心灵进行进一步的思考吗？

如果我们从“心灵的”这个形容词开始，而不是问“什么是心灵”，那么我们现在就要问“什么是心灵的现象”这个问题。在描述心灵是何种实体时，我们遇到了困难。但是，在列举心灵的各种属性时，我们就不会面临上述困难，至少刚开始时不会。

不同的人会列举出心灵的不同属性，但是许多人会列举如下属性：思考（thinking）、记忆（remembering）、感觉（feeling）、欲望（wanting）、决定（deciding）、害怕（being afraid）、推理（reasoning）、看（seeing）、听（hearing）、想象（imagining）、智力（intelligence）、动机（motivation）。我们要问：“把这些属性都称为‘心灵的’，它们有什么共同之处呢？”

有一件事情是确定的。这个心灵属性的清单明白地显示出，把儿童的心灵与理性思维或者与智力相结合的思路是错的。在它们那里，我们没有发现共同之处。

以“看”为例。苏菲（Sophie）环顾房间，看到了暖气片、一扇门、一个书柜、一盏灯。在看到这些物体时，她一定要对什么有所思考吗？如果房间里非常黑，她可能必须得弄明白那个模糊的形状是不是一盏灯，另一个形状是否真的是一个花瓶。此时，思考当然会介入。但是，在光线充足时，她只是环顾房间，然后看到某物。在整个过程中，她没有辨认物体或者进行推理。整个过程是即时的、无障碍的。

以“欲望”为例。雅各布（Jacob）很渴，他想喝水。或者他在学校， 15
现在是下午 3 点半，他想回家。像这样的欲望的出现很少以对事物的推理为基础。有时候，它们或许依靠推理。我饿了，然后我想吃东西。我是吃冰箱里的那包肉肠还是吃鱼和薯片呢？我要叫“四季”（Four Seasons）餐厅的外卖吗？最后，经过权衡，我选择了比萨。这就是我想要的。即使像这样的一个欲望是推理的结果，也不能说我们所有的欲望都是如此。有时，欲望就发生在我们身上，甚至席卷我们。我们感到自己受到了侮辱，想反击；有性冲动，想寻求满足；觉得累了，想睡觉。在这些情形中，没有一件事情需要思考。

再以“疼痛”为例。比如牙疼。我牙疼的时候，会有各种各样的想法：“我该怎么办？”“我要去看急诊吗？”“嚼点阿司匹林止疼？”但是，我思考的不是牙疼本身。先是我的牙疼，然后我思考。确实，有时候牙疼了我根本不想它，我只是感觉到了它的强度。

这些反面的例子——感知觉、欲望、疼痛——有助于破除心灵与理性思考之间的联系。心灵更加具有包容性。

如果是这样，那么什么使得心灵的现象成为**心灵的**现象？出于什么原因我们把看到与听到、解决问题、玩彩票的欲望、感到头疼称为心灵的各个方面？

在我们开始探讨这些问题前，我们需要对所有这些对教育产生的影响做一点说明。如果我们认为，心灵的现象不局限于智力方面，那么我们该怎么分析这些问题？

一个思路是继续相信传统的观念所认为的教育与智力有关，然后指出某类心灵现象（与寻求真理、推理、反思有关）是教育者感兴趣的。

另一个思路是放弃这种传统的观念，提出教育与儿童心灵的其他方面的发展有关，而不是与儿童的智力发展有关。在本书中，我选择的是第二个思路，随着余下章节的展开，我的选择会越来越明显。

碰巧，这本书与另外一本书——唐纳森（M. Donaldson）的《儿童的心灵》（*Children's Mind*）的主题接近，但两者背道而驰。唐纳森的书如今已成为经典。它是一本心理学著作而非哲学著作，主要批判了皮亚杰研究
16
儿童思维的方式。和我的这本书不一样，它没有为儿童的心灵及其相关特征提供一套综合性的看法。唐纳森在更狭隘的意义上——智力意义上——使用“心灵”这个词语，并且，她的书主要是论述儿童的推理能力和基本技能的获得。与我的这本书不同，她的书没有讨论想象力、情感或者动机对教育的意义。

有意识的与无意识的心灵

如果理性思考不是儿童心灵的标志，那么什么是儿童心灵的标志呢？我们似乎需要更宽泛的心灵范畴，它不仅要包括思考，还要包括看、欲望、感到疼痛等。

什么是“意识”（consciousness）？我环顾房间时，看到紫色叶子的植物，我不记得它的名字了，我的意识指向了它。人看到某物是某物被人意识到或者觉察到的方式。同样，我膝盖疼时，我意识到某种不愉快的体验。因此，我的意识具有不同的形式。当我在电脑上打出这些字时，我看到它们出现在我的电脑屏幕上。在这个背景中，我**听到**大路上传来的噪声。若更聚焦一些，则可以说我正在**思考**我所要建构的论证体系。另外，我感到我的右腿有点**疼**，我体验到轻微的**焦虑**，是不是我的右腿有问题了？所有这些加粗的字都是我的意识的不同形式。

就意识而言，让教育感兴趣的意识特征是上面提及的聚焦的意识与外围的意识之间的区别。这两者并非截然不同，只是程度上有差异。教被理解为一种活动，它旨在产生学，通常它要求学习者在学习某个学科时做到专心或者集中注意力，把使学习者意识聚焦作为目标。教的一个困难是：有时教师想让学生集中注意力去学习的东西却在学生的注意力的外围。例如，一只黄蜂在窗台上“踟蹰”，学生被它弄得走神了。当一个人过去学习钢琴时要通过聚焦意识的方式才能让自己正确地踩脚踏板，而现在已经能自动做到这一点时，这就是一个令人欣慰的结果了，因为它说明这个动作已经被推向了学习者意识的边缘。

那么，能够使所有不同种类的心灵现象均成为**心灵的**现象的原因在于，它们都是意识的形式，无论是聚焦的意识还是外围的意识。我们能这么说吗？如果我们能这么说，那么什么是无意识的现象呢？或者，如果愿意采用这种说法，那么什么是无意识的心灵呢？

我们必须小心点，尤其是小心后一种说法，否则很容易陷入“实体思
17 维”之中。弗洛伊德的一些说法有时对我们没有多少帮助。有时候他引导我们认为无意识是某个神秘的地方或东西，例如隐蔽的“地下室”或者是“一股暗流”，位于意识的下面。但是，这不是他解释无意识的心灵唯一的方式。换个角度看，弗洛伊德面对的是我们在日常生活和小说中都十分熟悉的某种更加复杂的事情。

听讲座的学生尴尬地意识到自己在笔记本空白处乱画出来的都是阴茎形状的物体。他这样的举动具有性的意味，而他并没有意识到这一点。类似这样无意识的愿望或者欲望每天都存在着。弗洛伊德的成就在于他拓展了解释的图式，我们依赖这些图式来解释更加深层次的压抑和与神经症有关的人进行自我欺骗的原因。

除了弗洛伊德的心理学之外，还有很多基本的途径能使心灵的现象成为无意识的。我们很快就能明白，对于教师和学习者来说，这开启了一个非常重要的话题。

以相信为例。想象一下我们对生活、我们所居住的世界所具有的日常的、一般的信念。我相信我住在伦敦的北边，我现在体重超重，这些天路上的车太多了。写完最后一句话时，我的心灵集中关注这三个我相信的事情。它们是我的意识注意的对象。当然，通常我不用这种方式想问题。即使我没有意识到它们，我仍旧相信这些事情。我一直持有这些信念，它们成为我理解生活、理解世界的一部分。这些信念一直与我同在，甚至可以假设我睡觉的时候也是如此。

“我们相信某事”的状态一直都是存在的，甚至在它们没有进入我们的意识层面时也是如此。在这个意义上，我们说“相信某事”是一种无意识的心灵现象。我将采用**持存性**（continuant）这个词来描述心灵的这种持续的特征，比如相信。

与相信形成对比的例子有这些：瞥一眼熟悉的脸、算出一道数学难题、感到剧烈的牙疼。在这些例子里，我们的意识正在工作。这些是当时

正在发生的被人所意识到的事情，而不是心灵比较持久的状态。我把它们叫作心灵的**即时性**（occurrences）。其他的例子有：被感觉到的欲望，如饿了想吃；被感觉到的情绪，如一只昆虫在我胳膊上爬，我感到恐惧；在今年 8 月的森林探险之后，我脑海中有时会不由自主地浮现黑莓的图像。

“相信”不是唯一一类持久存在的心灵现象。除了我们现在体验到的 18
欲望如饿了想吃之外，我们也有一些长久的欲望，例如，对地球上的和平的渴望、对家庭繁荣兴旺的渴望。对于这类欲望或渴望，我们只是间歇性地意识到其存在。与在某个瞬间害怕蜘蛛一样，也有持续时间更长的害怕，如数月以来，我们一直害怕丢掉工作或失去新的伙伴。

让我们也思考一下儿童骑自行车的**技能**（skill）、做手工的**技能**、拼图的**技能**、解决数学方程式的**技能**。虽然儿童现在不用某项技能，但是他们拥有此项技能。在这一刻，露易丝（Louise）知道如何骑车，即使她现在根本没有骑车。甚至在她睡觉的时候，她也知道如何骑车，这是确定无疑的。在这点上，技能就好像信念。

最后一类具有持存性的心灵现象在个人性格特征或者个人品质（好的或者坏的）中有所体现。譬如，一个年轻人，友善、思想独立、纯洁、具有道德勇气。在这一刻，虽然她可能没有做出友善的行为，但是她是个友善的人。在她积极行善的那一刻，毫无疑问她意识到各类事情，例如面对另一个人的境遇，她意识到自己能帮上什么忙。在其他时间里，她仍然是一个友善的人，即使让她对此有所察觉的事情此刻并没有发生。

心灵的持存性、即时性与教的本质

心灵的现象分为两种：即时的和持久存在的。这对从诸多意识形式方面界定儿童的心灵提出了一个问题。即时的现象——听到电话铃声、感到热、回忆起假期——都是意识的状态；但是，持久存在的现象——相信冰是冷的、为祖国自豪、知道如何玩“大富翁”这个游戏——却不是如此。

本书关注教育话题。这意味着，我不会详细地关注研究心灵的哲学家如何解决这个问题。我们的话现在说到这里就够了，即，以下这种主张很难令人信服：我们的心灵生活总是持存性的，并且从不是即时性的——常常是静止的，从不是活跃的。

从教育上讲，持存性具有重要意义。

> 父母和教师帮助儿童对所有种类的事物——他们自己、人际社会、自然社会、道德行为、艺术、政治——形成互相交织的信念之网。
>
> 19 他们教儿童技能——身体的技能（包括玩游戏、制作东西）和思考的技能（如知道如何规划时间或者用证据检验历史）。
>
> 他们在儿童身上发展出他们想要的品质，如友好或者自信，并且，压制他们不想要的品行，如坏脾气或者恶毒。

与三类持存性的心灵现象交织在一起的，是持久的欲望与感情。父母和教师试着建立他们想要的东西——对音乐的热爱、帮助落难之人的愿望——并且，把怕猫或者以他人的痛苦为乐降到最低。

这些持存性的心灵现象构成了教育的内容。教师和父母想要儿童形成适当的而非不当的信念、技能、欲望、感情和品质。他们塑造了持久的心灵品质，这些是父母和教师想让儿童拥有的。

各类持存性的心灵现象之间的区别恰恰反映在语言教育中。思考一下，儿童学习事物的一般类型。

> 他们学到某物就是如此——水仙在春天开花，火星是行星。这些信念构成了知识的条目，因为所有这类知识都是真的、证据充分的。然而有时候儿童所获得的信念不是真的，不能构成知识——在一些文化中长大的儿童认为地球是宇宙的中心，或者男人天生比女人优越。
>
> 与学习某个命题或者学到某物如何一样，儿童也学习**如何做**某事——谈话、游泳、放唱片、做心算题。
>
> 在道德教育课程中，他们学习宽容、真诚、尊重他人。在美学领域，他们学习爱——成为音乐与诗歌的爱好者。

学是如此，教也是如此：一位母亲能教她女儿学习（她不能在路上玩耍）、教她如何做大米布丁、教她如何体贴他人。

各类持存性的心灵现象最好被视为素养。它们不仅是教渴望促成的最终结果，也是父母和教师着手教儿童的基础。教关乎修正儿童已有的信念、技能、品质（包括欲望与情感），让儿童养成更加合理的信念、技能 20
和品质。

父母和教师如何做到这点？唯有通过参与儿童非持存性的心灵现象，也就是儿童即时性的心灵现象来实现。

教，包括父母的养育（parenting），都指导学习者（通常情况下是，但不总是）把意识聚焦到某些对象而不是其他东西上。儿童被鼓励着去看和听某个事物、运用想象、思考问题、试着记住某件事、体会道德情感或者美好的情感、在某些新的体育活动上试试身手。

上面三段得出的观点非常重要，它们在本书中会以不同的形式重现。区分了即时性与持存性的心灵现象，教和更为宽泛的教育才能得到理解。

让儿童的体验——他们所看到的、听到的、感觉到的、想到的——成为父母的职责或者教师工作的中心无疑是正确的。这些心灵中的即时性现象发生在当下。持存性增加了人对**过去**与**未来**的考虑。

在激励儿童思考、感受、想象、身体活跃的同时，教育者也要利用儿童早已拥有的心灵素养——知识、技能、持久的欲望、情感和性格特征。教师用这种方式回顾过去和放眼未来。教师的主要目标是提高学习者的心灵素养。科学教师想要加深学生对原子结构的理解，体育教师想要年少的网球手打磨技能。

因此，教育中存在某种时间模式：从持存性的心灵现象开始，经由即时性的心灵现象，到达另一种持存性的心灵现象。这个模式比它所显现的更为精妙。如下主张过于简单：任何一个特定领域——比如数学——的学习都是一种要经历如下三个阶段的运动“函数”，其中第三个阶段是教师要达到的目标。这三个阶段是：

1. 一名儿童在 X 水平上所具有的数学素养（表现为知识、技能、学科态度）；
2. 教师从这个素养水平着手，让儿童思考一个新的领域；
3. 儿童形成较高级别的 Y 水平上的数学素养。

在第二个阶段，教师也可以从其他素养着手。例如，一名数学教师
21 可以利用学生对体育的兴趣或者对音乐的兴趣作为引子。同样地，教师把目标全部放在第三个阶段也是错误的。教师的部分目标在于，学生在当下应该有愉快的体验。学生进入第二个阶段后，教师想让学生感受到思考、看、想象带给学生的内在愉悦感。确实，这个目标中具有持存性的因素。教师想让学生享受到数学思考或者聆听不朽诗篇的快乐。当教师说他想让学生开始热爱他所教的学科，这是教师说这句话的一部分含义。即便如此，教师的目标既是针对现在的，同时也是面向未来的。

可能存在或者可能不存在的对象

儿童心灵的另一个特征是其超越了即时性现象和持存性现象之间的区别。与持存性现象一样，它对所有教育形式都很关键。

我刚才提到父母或者教师的角色，他们引导学生的意识朝向某些对象，而不是其他对象。我们来更加仔细地看一下这些对象是何种类型的事物。

一名儿童在显微镜下看并且看到一滴**取自池塘的水**；一名儿童在思考**几何学的问题**；一名儿童在聆听**一则故事**；一名儿童在试着记住**"avoir"的过去分词形式**。这些黑体字部分都是看、看到、思考、聆听、试着记住等意识形式的对象。这些例子表明，意识的对象不总是物质对象。在这个语境下，"对象"是个体的心灵所朝向的对象。

对象也通过其他方式进入儿童的心灵。她可能害怕黑暗；当她听《古舟子咏》(*The Ancient Mariner*)故事时，她头脑中会有海蛇、炎热、无法忍耐的口渴的画面；她可能想成为一名工程师。

持存性的心灵现象也是对象导向的。在培养儿童的信念时，父母和教师想让儿童相信欺辱是错的，或者是让儿童相信，加热后，气体会膨胀。他们也想让儿童知道如何系鞋带或者使用因特网。

对于儿童心灵生活的每一个领域来说，除非我们认为它们都是对象导向的，否则讲不通。儿童无法做到没有看见某物的看。他们无法做到没有自豪之物的自豪。他们无法做到没有相信某事的相信。其他例子也是如此。

我们一会儿就会看到这种对象导向在教育中是如何重要。现在有另外一个同样重要的特征。 22

圣女贞德(Joan of Arc)听到了声音，但是这些声音是她想象出来的。小说家虚构了一些场景。一些人可能错误地相信树能说话。我们现在所讨论的对象的独特特征是其不需要与现实相符(它们多半与现实相符)。我们听到的大多数是现实中存在的声音，而不是我们想象出来的声音。我们的大部分信念是真实的，而不是虚假的。在某些场合中，我们所相信的东西和我们所感知的东西可能与事实不符，这种情况也是存在的。

谈论的对象被叫作意向对象。当我们看、思考、爱、想象、记忆、相信、渴望某物时，它们是我们的心灵所指向的对象。

意向对象的典型特征是，它可能存在或者可能不存在。儿童在街上能听到气钻声或者头顶上的说话声。如果他们思考某种东西，这种东西可能是存在的，如冰激凌车，或者是不存在的，如精灵之国。他们可能害怕有时在田野里遇到没有拴绳的阿尔萨斯犬，或者他们认为此刻房间有个魔鬼正在某个角落里偷看他们。他们对自己面前的电脑屏幕或者脑海中想象的朋友有视觉上的体验。他们能回忆起真实发生过的令人尴尬的事情，他们也可以骗自己说自己赢了。

至少某些持存性的心灵现象与此相同。儿童能相信正确的说法，如月亮离我们很远，或者错误的说法，如月亮上住着智慧生物。他们习惯性地害怕教师或者做恶作剧的鬼。青少年想减肥或者想长生不老。

意向对象如何进入教师的工作？教师的部分工作是指导儿童远离非现实，走向真实。父母想让孩子不怕黑或者不怕鬼。他们不想完全根除孩子心中的恐惧，因为他们想让孩子害怕真正值得害怕的东西——可疑的陌生人、没有被拴住的狗。

信念与此类似。如果一个儿童把野兔的贴画贴错了地方，认为猫是野兔，我们必须纠正他。就物质的结构而言，教师想让儿童形成正确的信念而不是错误的信念。

23 疼痛、教育者与医护行业

儿童的心灵最典型的特点是对象导向吗？即被导向意向对象？

这里有个问题。问题出在疼痛感或者其他感觉上，如痒或者被挠痒。

我们来谈一下疼痛。如果苏菲牙疼，那就意味着她的心灵被导向某物吗？就好像她害怕刚刚停在桌子上的黄蜂，那么她的意识就导向了黄蜂？

显然不是。如果任何东西都是一种意识状态，那牙疼当然是一种意识状态。但是，它好像没有被导向意识。我们没有感到在（at）任何东西上的疼，或者关于（about）任何东西的疼或者为了（for）任何东西的疼：我们只是感觉到疼，到此为止。如果是这样，那么它是“所有意识是关于某物的意识”的反例。

它是吗？有些人可能会反对那种认为疼痛从未被定向过是不对的这一观点。我们可能会经历心灵上的疼痛。我们因一句辱骂而受伤。此时，使我们情绪低落的是刻薄的话，而不是我们所具有的东西。

但是，我们谈论的是身体上的疼痛，如牙疼，不是心灵上的痛苦。心灵上的痛苦的确是情感的状态——痛苦的状态、焦虑的状态、悲痛的状态、伤心的状态等。身体上的疼痛与它们的重要区别在于，它缺少这种导向的成分。

但是，身体的疼痛真的没有这种成分吗？反对者还是能接着说：我们谈的是对疼感到疼痛，如感到牙疼。难道这不能指出人的心灵状态——感觉与心理状态的对象——牙疼之间的区别吗？在这种观点看来，牙疼本身就是感觉的意向对象。

我认为这些反对者进一步的反驳没有道理。我们真的不能把感觉从牙疼中分离出来，就好像它们是可以分开来看似的。这里只有一件事。如果我们愿意，我们可以叫它“牙疼的感觉”（toothachy feeling）。

反对者不会就此罢休。当苏菲感到牙疼时，她经历的对象难道不是颗**坏掉的牙齿**吗？毕竟，她害怕桌子上的黄蜂，她害怕的对象等同于引起她害怕的东西，如黄蜂。对于牙疼，我们为什么不能这么说呢？

在回答这个问题前，我会说那颗坏掉的牙齿当然是造成牙疼的**原因**，但是这并不能使它成为**对象**。原因和意向对象在逻辑上是两个不同的东西。如果我希望在下一场选举中绿党（Green）获胜，获胜几乎不能成为**引起我**希望的东西——永不可能——尽管它是对象。

24 不是所有的意识状态都涉及某个对象。疼痛是一个反例，感到温暖的经历或者被挠痒痒的经历是另一些例子。更一般地说，**感觉**不具有意向对象。这使得感觉在各类心灵现象中变得很特别，因为其他类型都是对象导向的，至少在我们上面的所有讨论中都是这样。

儿童的心灵包括两种根本属于不同类型的现象：

> 诸如思考、回忆、看见、感到害怕和其他情感、欲望或者打算等，这些的确需要意向对象；
>
> 诸如疼痛和其他感觉，则不需要意向对象。

这对教育与儿童的心灵是如何联系的会产生影响。每一个人都会赞同教育与心灵的发展有关。也许每个人都会同意，教育与疼痛的发展、痒的发展、其他感觉的发展毫无关系。一旦我们考虑去谈论疼痛和痒的发展时，这个问题就会显得很奇怪。头疼怎么能发展呢？

发展儿童的信念、技能、欲望、判断、情感，父母和教师责无旁贷。父母和教师传递它们并且（或者）扩展它们、深化它们、提炼它们。但是，他们没有办法做这样的事情，诸如头疼或感到头晕。的确，他们在儿童头疼时会做些什么：他们能给儿童阿司匹林。他们能用这种方式**改变**儿童当时的心灵状态，但并不能涉及所有的改变。他们给儿童阿司匹林时，他们没有履行教育者的职责，而是与医护人员在同一战线。

医护行业与教育行业的工作者都是主动者，能使他们的工作对象的心灵发生变化。贯穿心灵的分界线，即有意识的现象或者与对象有关的现象和感觉之间的界限，有助于确定这两种职业之间的界限。如果我们暂时不考虑心灵健康，只谈论那些关注身体健康的医生和护士，那么可以发现他们对减轻或者防止疼痛的感觉感兴趣。父母和教师则对发展各种类型的有意识的现象感兴趣。

这样概括是不是太粗糙了？护士会告诉你，他们不会把病人只看作一个身体，他们会把病人看作一个人，帮助病人战胜恐惧，尊重病人自主的权利，鼓励病人采取更加健康的生活方式。同样，教师和父母对心灵非 25
意向的部分也不是没有兴趣。学生锻炼完或者练习跳水后，如果学生说感觉棒极了，体育教师也会很欣慰。让学生产生与锻炼有关的愉悦感觉是体育教师工作的一部分。与此类似，文学课的教师给全班学生读艾伦·坡（E. A. Poe）的故事，如果学生们没有起鸡皮疙瘩，教师会感到某种不足。

也许，这种概括的确需要再打磨打磨，但是至少对于教育者来说，它足够值得信赖了。愉快的喧闹声**本身**不是体育教师的目的。它们是某个更重要的事情——学习如何更好地起跳和翻转——的一部分。鬼故事引起的战栗属于更综合的情绪体验。教育者对产生或者修正学生的感觉没有职业兴趣。

其他的职业或者专业**的确**具有这个目的。医护人员想要减轻病人的疼痛，拷打者想让被打之人疼痛感升级。狄更斯式的施虐型校长享受打孩子，他们更接近于拷打者而非教育者（后者所做的事情与心灵的非感觉部分相关）。

为什么会这样？为什么各种感觉位于教育者的工作范围之外？

教育、概念、与对象有关的心灵

下面让我们进入教育的核心。

教育者处理与对象有关的心灵的方方面面。回忆一下前面的例子，儿童在显微镜下看一滴水、思考一个几何问题、聆听一则故事、试着记住“avoir”的过去分词、害怕黑暗、在头脑中显现海蛇的画面、想要成为工程师、相信一些“信念”（如欺辱他人是不对的或者遇热时气体会膨胀）。

在上面的每个例子中，儿童的心灵被导向对象。我用不同的概念描述这些对象——滴水、问题、故事、海蛇、欺辱、膨胀等。

儿童在描述自己的经历时用到的一些词语可能不是概念。这是他们的视角，在此我想强调一下。也许，看显微镜的儿童会比较含糊地说，她正在看四处游动的东西。

26 关键在于，儿童必须把她以某种方式看到的东西或者想到的东西概念化。实际上，她的注意对象不能是空的。它们早已“穿”上了儿童能够使用的概念的“外衣”。

举一个例子。一个小女孩在云彩中看到山脉和脸庞。她的视觉是对象导向的。但是，至于她意识中的对象，除非她概括出对象的特征，否则我们什么也说不出来。她把她正在看的东西视为山脉和脸庞。

能给出如上描述，意味着儿童必须掌握山脉和脸庞这两个概念。如果儿童年龄太小，还没有学过这些概念，她就不会用这种方式来看云彩。当她年龄大些时，她可能会从云彩中看到怪异的（grotesque）脸庞，但是，由于她还没有掌握怪异这个概念，她还不会用这种方式看待事物。

其他意向现象同样如此。儿童必须用某种方式把对象概念化。譬如，她有某种信念。她相信冰在太阳底下会融化，或者生日聚会很有趣。同样，如果她年龄太小，头脑中还没有冰、融化、太阳、生日、聚会、有趣这些概念，她就不可能相信这些事情。

现在，关于儿童心灵中的意向现象与感觉的区别，我能多讲一些。前者是对象导向的，要求儿童（成为感知者、想象者等）用某种方式把对象概念化。感觉却没有对象，它不需要儿童使用概念。

对上面的最后一句话，我要简短地说几句。

儿童能够并且的确具有疼痛和头疼这两个概念。但是，我在这里讨论的并不是这个问题，而是当他们有某种体验（如头疼）时，其是否需要使用这些概念的问题。虽然他们遭受了头疼，他们可能会想“我希望这个快点过去”。在这一刻，概念当然会进入他们的头脑中。但是，它们是伴随着思考进入他们的大脑的，而不是伴随着诸如此类的疼痛进入他们的大脑的。思考能伴随着疼痛，但是不能把它们等同于疼痛。疼痛本身涉及非概念的意识形式。

我们已经触及这个问题的底端了——为什么教育与疼痛和其他感觉无关？涉及概念的心灵现象被精确地演化为新的形式，因为它们涉及概念。头疼能在药物或者其他手段的作用下发生变化，但是其不能被发展。

让我换一种方式来讲。在儿童现有的情感、欲望、思想、技能和个人品质的基础上，他们能掌握对这些现象更加复杂、更加精微的说法。但是，对于他们当时的胃疼，他们不能掌握更加复杂、更加精微的说法。胃疼在学习与教育之外。 27

教育与心灵的发展有关。不是每类心灵现象都是如此，因为有些类型，如感觉是不能被改变的。教育依赖意向对象，因此它和依赖概念的应用的那类发展有关。

我已经就感觉说了很多。在本书的其他部分我还会说到感觉，但现在我要重新聚焦问题。我会离开牙疼和肚里翻江倒海这个话题，把注意力放在儿童心灵可教的方面。自此，“心灵”采取“涉及概念的心灵”这层含义。

我在早些时候论证过，我们可以把教育看作一种过程，通过这个过程，像信念、技能和个人品质这样的持存性的心灵现象能够得到充分的发展。通过教育者关注儿童心灵的即时性特征，如，儿童有意识的思考、判断、感知、欲望以及情感，这个过程就可以发生。

既然所有这些心灵现象——即时性的和持存性的——都要求主体使用概念，很明显，父母或者教师的工作在很大程度上与改变儿童对事物进行概念化的方式有关。这其中涉及的变化就是儿童从不充分的概念层面的概括走向更加充分的概念层面的概括。

什么能称得上“更加充分的”本身就是一个大的话题。它与适当的教育目的有关。对教育的完整叙述必须包括对教育目的的讨论。这会引向伦理学与政治学领域，它们在本书的论述范围之外——尽管在很多地方，本书与它们有很多交集。

教育如何改变儿童看待事物的方式？信念是一个好的起点。年幼的儿童对于他们周围的世界、他们自身以及其他人有各种各样的信念。有时候，出于一些原因，他们的信念可能是错误的。尽管别人发现他们很有魅力，但他们觉得自己很丑；他们认为自己的卧室里有鬼。教育的一项任务就是在**必要时**确保儿童接触现实。

我说“必要时”，是因为发展儿童的想象力也非常重要，并且这常常意味着超越现实（参见第 7 章）。回想一下，在狄更斯（C. Dickens）的《艰难时世》（*Hard Times*）中，葛莱恩先生（Mr. Gradgrind）的教育体系只认事实，否认所有的幻想。

撇开限定条件，现实显然很重要。教育者不能教给儿童前面提到的那
28 些错误的信念。父母和教师有责任教导儿童什么是正确的。卧室里有鬼的信念必须被卧室里没有鬼的信念取代。信念**如何**被取代带来了儿童的即时经历。父母可以问孩子鬼在哪里，或者问他为什么认为卧室里有鬼。父母要鼓励孩子更加聚焦地思考“房间里有鬼”这个命题，更加仔细地思考这个命题是否有根据。所有这些都依赖概念的使用。

教育者的责任不限于用正确的信念去代替儿童心灵中错误的信念。在儿童已经具有的正确的信念的基础上建立新的正确的信念同等重要。假如，儿童已经知道花是什么，那么她就应该进一步懂得如何区分三色堇与玫瑰、康乃馨与飞燕草。再重复一次，学习的过程是从一种信念结构转换到另一种信念结构——在上面的例子中，“另一种信念结构”就是更加明确的信念结构。

在上面提到的儿童错误的信念被取代和正确的信念得到扩展这两种情形中，儿童开始获得**知识**。他不仅开始具有我所描述的某种信念，而且开始把信念建立在恰当的证据的基础上（参见第 3 章）。

我很早之前曾经说明过意向对象与概念应用如何携手。在刚才的例子

中，很容易理解概念是如何参与到儿童信念的发展之中的。十分清楚，相信卧室里有鬼的儿童一定有表达这种想法的概念。新的概念可能是由父母引入的，也可能不是。也许在这个例子里，儿童只是根据已有的概念来检验和摒弃信念。然而，另外一种情况与拓展的信念结构变成更加明确的信念结构有关，新的概念——康乃馨、水仙等——的确进入了儿童的视野。

我聚焦于信念的获得，说明了通过让学生参与某种即时性的心灵活动，意向的概念及其应用是如何成为一种持存性的心灵状态和更为持久的心灵状态的。这只是一种类型的阐释。可以用同样的方式来阐明技能的学习、值得拥有的个人品质的养成。

结论

我一直在使用“概念”这个词，却没有解释我对它的定义。我会在第2章对它进行完整的说明。

在儿童的心灵比较宽泛的主题上，我得出了几点松散的结论。在这一章开头，我对比了宗教上的与生物学上的心灵概念。宗教的观点认为，人类的灵魂是永恒的。至少我们心灵生活的一部分——包括更加抽象的思考的力量——在我们死后会继续存在；动物没有灵魂。这与生物学的观点形成对照，生物学的观点强调人类与其他物种之间有连续性，其把人类的心灵生活理解为是人从某种物种进化而来（的一种结果）。 29

现在，很清楚，像许多人一样，我赞同生物学的取向。我们大多数人不难发现至少某些“比较高级”的动物是有心灵生活的。我们很高兴地说出以下内容：猫和狗能够看、听、闻东西，感到疼，也许它们也有像恐惧这样的情感。可是当我们遇到牡蛎、甲虫的时候，我们可能就不知道该如何思考上面这些问题了。但是，至少那些与我们人类关系比较亲近的哺乳动物和我们一样也具有某些意识，这看起来是与事实相符的。

在下一章，诸位会读到，人类的心灵生活和动物的心灵生活之间的连续性在教育上很重要，尤其是在抚养幼童这一点上。但是，其他动物的心灵有何特征这个问题还没有得到解答。

我们大多数人会说，猫、狗、猴子能够感到疼。这些都不涉及对象导向，也不涉及概念的使用。但是看、听、闻东西呢？如果有可能的话，我们把这些属性归于动物，这不就意味着猫、狗、猴子像我们一样**能够使用概念**？如果我们承认它们会感到害怕或者生气，不是一回事吗？

为什么这还会成为一个问题呢？我的看法是，这是因为我们通常在拥有概念与拥有语言之间建立起了联系。用我们前面举的一个例子来说，如果儿童把云彩看成**山脉**，我们就认为儿童为了拥有这个概念，她一定是理解了“山脉”这个词（或者其他语言中的对应的词）。那么猫和狗呢？如果它们拥有的某种能力（比如看和听）涉及事物的概念，那么在某种意义上，它们就一定拥有自己的语言吗？既然它们**没有**语言，它们的心灵生活一定被限制在感觉层面吗？第 2 章会阐明这些问题。

本书以心灵缀语这部分附录作为结尾。如果你感到关于心灵的一些关键问题——尤其是心灵与身体的关系——还没有得到阐明，你会发现附录部分很有用。

30

小结与要点

从历史上看，有两种截然不同的思考心灵的方式：一种认为心灵是与身体分离的实体，另一种认为心灵是与身体不可分离的生理学上的现象。第一种思考方式源自柏拉图，经由笛卡尔传至我们，它常常与抽象思维有关。它在今日的教育体系中有所反映，体现在不同课程的优先性排序中。

心灵现象有许多种类，不是所有种类都涉及推理。它们是意识的所有形式吗？如果是，我们该如何对待无意识的现象呢？

其中，无意识的心灵现象是持存性的心灵现象，其与心灵的即时性现象一起构成了儿童心灵的两个重要分支。它们是理解学习的本质、教学的本质、教育的本质的核心问题。

儿童心灵的另一个关键的分支是意向现象与非意向现象。前者而非后者与对象有关，因而其涉及概念。教育与医护行业不同，它仅关注儿童心灵的意向方面，因为只有这些方面能够被发展或者被培养。我们用儿童改变信念的例子说明了这一点。

拓展阅读

这本书中的大部分主题，可以参见1995年由牛津大学出版社（Oxford University Press）出版、杭德里克（T. Honderich）主编的《牛津哲学指南》（*The Oxford Companion to Philosophy*）一书，这本书按照字母顺序列出词条，扼要地对各个词条进行了说明。比较详细的、比较长的词条说明，参见布莱克韦尔（Blackwell）1994年出版、格滕普兰（S. Guttenplan）编写的《心灵哲学手册》（*A Companion to the Philosophy of Mind*）。

现代经典的心灵观认为，心灵是有别于身体的实体，笛卡尔是这种观点的奠基者，这在他的《沉思录》（*Meditations*）和《论灵魂的激情》（*The Passions of the Soul*）中可以看到。对于这一点的简要评价，参见牛津大学出版社1999年出版的布莱克本（S. Blackburn）的《思考》（*Think*）一书的第一、二章。心灵或者灵魂（不朽的实体）与抽象思维的密切联系可以追溯到柏拉图所写的对话录，尤其是《斐多》（*Phaedo*）与《理想国》（*Republic*）。《理想国》的第六、七章所蕴含的教育理论，影响了后世诸多的教育论述和教育目的观。这方面也可以参考本书第2章的拓展阅读部分。至于精神现象的综述，请参见以下内容：牛津大学出版社1982年出版的麦金（C. McGinn）的《心灵的品性》（*The Character of Mind*）一书的第一章；牛津大学出版社 1989 年出版的肯尼（A. Kenny) 的《心灵的形
31 而上学》（*The Metaphysics of Mind*）一书的第一、二章。关于人类的心灵生活与动物的心灵生活的相似性，麦金太尔（A. MacIntyre）有很好的论述，参见达克沃斯出版社（Duckworth）1999 年出版的《依赖性的理性动物》（*Dependent Rational Animals*）一书的第一章至第七章。关于心灵、大脑、身体之间关系的阅读材料，在本书附录的结尾部分可以找到。

第2章 概念与概念学习

32

什么是概念？

发展儿童的心灵意味着让儿童使用和修正自己已经拥有的概念。儿童的感知觉、信念、能力、知识、想象、欲望以及情感的发展都是如此。在每一个领域，概念都很关键。

但是，概念是什么呢？每当我问学生，让他们花几分钟进行头脑风暴，并在黑板上写下答案，有两个答案总是出现："头脑中的观点"和"与语言有关"。我们先从第一个答案谈起。

观点存在于人的头脑中？

如果要求学生举出概念的例子，他们常常会举这些：重力、民主、心灵、演变等。但是，我们也有更加接地气的概念：茶叶、鼻涕虫药丸、纸夹子。尽管大多数情况下，概念这个词通常仅被用在比较高级的、与理论有关的场合，但这并不意味着它不能被用在比较低级的、日常生活中的场合。有铅笔这个概念，也有套衫这个概念，即使我们很少有机会提到它们。

然而，无论普通还是独特，概念是心灵中的观念吗？我们如何看待这件事？有一件事情是确定的——概念不是心房里的"家具"。没有这样的心房。

这种看待事物的方式部分源自洛克式的思想（Lockeian thought），即概念源自儿童对世界的体验。这种观点认为，儿童通过他们所看到的蓝色事物开始掌握蓝色这个概念，通过他们关于树的经验掌握树这个概念。对33 蓝色事物的反复体验以某种方式让儿童在头脑中形成蓝色这个概念，蓝色事物的所有**其他**特征——蓝色钱包上的拉链和塑胶，蓝色大众车上的金属制品和光泽——都被筛掉了。只有它们共同的东西被保留下来。这个被抽象化的或者抽象的概念就是蓝色。

其中，语言在哪里？“蓝色”这个词语在哪里？在这种可疑的观点中，概念是光秃秃的心灵材料的组块，还未穿上语言的衣服。它们或许是心像——就好像心灵之眼（the mind’s eye）中的蓝色，不管它们像什么，它们能让儿童沉浸在私密的心灵活动中——思考事物、感知周围的世界、沉思、回忆往事、决定做某事。只有当儿童想要向他人传递观点时，词语和语言才成为必要之物。然后，儿童才会把“蓝色”或者“受伤”的标签贴到他们对这些事物的私人体验上。

这种思考概念的方式在教育中非常重要，我们一会儿就能明白这点。尽管如此，它几乎不能令人信服。如果心灵不是一个场所，那么，概念也不是由心灵的原材料组成的实体。

这不是说，概念**不**在儿童的心灵中，只是说，概念不是以**这种**方式存在于儿童的心灵中。那还能是什么样的方式呢？

它们通常不是当前的意识对象。即便有时如此，儿童通常也并非像在读哈利·波特（Harry Potter）新的冒险经历之前心里就有哈利·波特的形象一样在心里有某个概念。

除非儿童碰巧在进行哲学思考。如果他们在进行这项活动，那么他们将会反思一些概念，如德性、空间、真理、知识、神。一些早慧的男孩和女孩可能真的会思考概念这个“概念”——就好像我现在所做的。但是，这极为少见。

果真如此吗？我忍不住要对时兴的信念——所有年幼的儿童都是有待塑造的小哲学家——说上几句。我们被告知如果不是受到正规教育的压制，所有儿童都会不断地追问“什么是时间”“为什么要有道德”这类问题。周日的报纸上刊登了那些 5 岁的“苏格拉底们”的故事，诱人上当。在读者的质疑声中，一些幼儿教师率先在幼儿园小班开设了哲学课程。

儿童哲学逐渐成为一门“生意”，在会议、教科书、课程、学术团体中亮相。一些以补充课程为特色的小学开设了这门课。（为什么这些学校通常都处在最薄弱的地区？）

我是一名哲学家，你可能预计我会欢迎所有这些令人眼花缭乱的事 34
情。但是，作为一名哲学家，我的专业兴趣在于质疑既有的观念。我对于儿童哲学的态度同样如此。我完全赞同鼓励年幼的儿童提出问题，寻找答案。但是，不是所有问题都是哲学问题。

即使一个问题的确具有哲学的意味，如“空间在哪里结束”，但简单地问这类问题不会使年幼的儿童成为哲学家。问完问题后所进行的艰难的思考——在矛盾处踟蹰、建立相关问题间的联系、熟知他人对这个主题的论述——很重要。就我所知，年幼的儿童通常还不能这样做。

一些人发现自己被哲学吸引，古怪地想要儿童在十多岁的时候——有些早一些，有些晚一些——开始学习哲学。一些关于幼儿园中的“尼采”和“小苏格拉底”的文章，与浮夸的电视节目，如《英国最聪明的儿童的大脑》（*The Brainiest Kid in Britain*），是一丘之貉，或者，这些文章与教育创造力——如《耳朵中的金矿》（*Goldmine Between Your Ears*）——这类流行的文字沆瀣一气。

我还是回到对概念的讨论。我要开始解释概念**在我们心灵中**的真正含义了。

我用强力胶举例。强力胶的概念是一个我们大多数人都拥有的概念，包括许多儿童。即使我们没有想强力胶这个东西，我们也拥有这个概念。多年前，我修补陶器的时候，第一次对这个概念有了印象，自那以后，我一直拥有这个概念。无论我是修陶器还是修椅子腿或者什么也不修，我一直拥有这个概念。在我醒着和睡觉时，我都拥有这个概念。

强力胶这个概念一直在我的心灵中，同样，我能使用打字机也一直在我的心灵中——不是即时的现象，而是持续存在的现象。拥有（possess）一个概念更像拥有一项技能，而不是有（own）一个对象。

语言在此处可能会误导人。我们谈论民主、强力胶、蝴蝶这三个概念。这是三种非常不同的事物。但是，它们是哪类事物？它们是心灵层面的事物吗？它们在心灵中吗？……在我们进行探究之前，我们发觉自己处在某种难以捉摸的实体的轨道上。但是，为什么假定我们面对的是实体呢？

思路最好不要胶着在“什么是概念”这样的问题上。思考“什么是**拥有概念**”这样的问题更有益，其也更容易回答。一名儿童拥有了蝴蝶这个概念后，她就能够做她拥有这个概念前所不能做的所有事情：她能够认出
35 蝴蝶；能够理解她读到或者听到的关于蝴蝶的话；能够谈论蝴蝶；发现蝴蝶更多的事情；思考蝴蝶；凭记忆画出蝴蝶。以上所列举的就是这个女孩所拥有的新的能力。

概念与语言

如果拥有一个概念就是拥有某种能力或者技能，那么我的头脑风暴活动的第二个主题——概念与语言之间的联系，又是什么样的呢？

概念明显与词语不同。在英语中，蝴蝶用“butterfly”这个词来表示，德语中是用“Schmetterling”来表示，法语中是用“papillon”来表示。概念实际上在词语的背后，它们是词语所要表达的观念。

那么，这意味着概念与词语是**分开的**吗？

请注意前面的“红灯”。接下来我们会发觉自己又回到心灵的内部，这是一个私密的空间，堆满了自由流动的观点，我们会遇到危险。

拥有概念，如拥有蝴蝶这个概念，在英语中就是知道如何使用“butterfly”这个词（或者在德语中就是知道如何用“Schmetterling”这个词）更合理些。[参见这章拓展阅读中吉奇（P. T. Geach）的那条文献。]这与最后一部分对能力与持存性的讨论有联系。如果儿童知道如何使用“butterfly”这个词，她就具有以下能力：辨别蝴蝶、理解人们就蝴蝶所说

的话、自己可以谈论蝴蝶。

这意味着概念**不能脱离**语言吗？如果是这样，那它就会对我们思考心灵的方式具有更大的意义。就像我们在上一章所讨论的，如果我们几乎全部的心灵生活——排除感觉——都涉及概念的使用，那么它同样涉及语言的使用。在这一点上，发展儿童的心灵就成了发展儿童的语言能力。

政府在全民识字的计划上下了很大的功夫。从我们刚才所论述的拥有概念这个角度来看，我们能够说清楚原因。识字发展了儿童的语言能力。这样做不仅能教给儿童有用的技能（这些技能反过来又成为儿童后来更加复杂的专业能力的基础），它所能发挥的一个更大的作用在于全面发展儿童的心灵。如果想象力、情感、思考、感知全都依赖概念的拥有，如果拥有概念就是知道如何使用语言的话，那么不识字的人的心灵生活极有可能很受限。

在这一点上，有大量的事实可以佐证。基本的识字水平的确是发展儿童的心灵的核心。但是，仍有一个问题。我们一直认为，概念必须借由语 36
言被理解。但是，我们应该这样看问题吗？

有体现概念的拥有不依赖语言的例子吗？如果有这样的例子，那么最清楚的例子或许是根本不使用语言的生物却会使用概念。猫、狗、鸟这样的动物是不使用语言的。它们有可能使用概念吗？

所有这些考虑，直接把我们带回上一章末尾所提出的关于动物的心灵的问题。如果猫和狗能看见、听见、害怕某物，那么，按照我们这里的讨论，它们一定具有某种使用概念的能力。它们能在没有语言的情况下做到这一点吗？

老鼠、猫与猫粮

如果一只猫可以看见猫粮，它害怕狗，那么，难道这只猫不是概念的使用者吗？如果它是，那又意味着什么呢？如前所述，我拥有蝴蝶这个概念，意味着我拥有某种技能或者拥有知道如何辨认蝴蝶、谈论蝴蝶等的知识。如果猫看见猫粮引发了使用概念的能力，那么猫拥有类似的技能吗？

答案是猫不需要语言。猫不能谈论猫粮或者理解人对猫粮所说的话。

猫至少能**辨认**出猫粮吧？这看来是一个起点。一只叫作宙斯（Zeus）的猫一天进食两次。每当有人把希尔斯宠物粮（Science Diet pellets）放到碗里，宙斯就会立刻走过去，开始大快朵颐。这看起来就好像是宙斯通过视觉和嗅觉，认出了它早已熟悉的东西。如果真是这样，我们面对的就是一种不依赖于语言的辨认活动。

若果真如此，概念到底是如何参与其中的？

老鼠们经过训练后能够区分三角形和其他图形，如果它们从起跳点跳到三角形物体上而不是跳到圆形或者正方形物体上，它们就会得到食物奖励。不管三角形形状的物体呈现的是大三角形还是小三角形，彩色的三角形还是黑白的三角形，直角三角形还是非直角三角形，被放在上面还是下面，老鼠总能做出相同的反应。这是否表明老鼠辨认三角形时不依赖于语言？果真如此的话，那么概念到底是如何被牵扯进来的？

有一件事情是确定的。老鼠没有掌握**我们**所理解的三角形概念。老鼠不会把三角形当作三角形来辨认，对于我们来说，后一个“三角形”这个
37 术语以逻辑为基础。我们所理解的三角形是一种几何图形，具有三条边、三个角。这个概念中包含数字和数学这两个概念。像人类的婴儿一样，老鼠缺少这种理解，因为这种理解只有伴随着数学学科的引入才会存在。

与此类似，宙斯不能看到或者闻到**作为猫粮**的猫粮，不能看到或者闻到我们所理解的猫粮。我们把猫粮这个概念带进自己的意识，即猫是某种类型的动物——哺乳动物、宠物，猫粮这种食物是维持其生存的必需品。宙斯对此一无所知。

我们所拥有的三角形概念和猫粮概念依赖于我们所拥有的符号系统，在这个符号系统中，这些概念与其他相关概念在逻辑上互相关联。尽管老鼠和猫不拥有这个符号系统，并且无法把这些事物认作三角形或者猫粮，但是这并不意味着这些动物无法把这些东西认作其他什么东西。为什么老

鼠只对三角形有反应？我们假定，这是因为这种反应能带来食物这类奖励，因而老鼠不会对三角形之外的图形做出反应。

如果是这样的话，我们难道不能说老鼠不把三角形认作三角形，而是把它认作像**食物诱饵**这样的东西吗？当然，一些动物没有我们所具有的诱发（conduciveness）和食物这样的概念，因为对于我们来说，这些概念是依赖于语言的。但是，它们对不同的形状所做出的不同的反应，显然表明它们以某种方式把三角形感知为食物的符号。从宙斯和猫粮的例子中可以得出相似的观点。

这些与概念有什么关系？假设我拥有曲别针这个概念。这意味着在其他所有的东西中，我能辨认出所有特殊种类的曲别针，并且用某种方式把它们认作**同一种东西**，即曲别针。无论曲别针是彩色的还是素色的，是大的还是小的，是生锈的还是新的，我都能辨认出它们。老鼠和猫也是如此。老鼠以某种方式把所有种类的三角形认作**同一个东西**，在上面那个例子中，它们把三角形认作食物诱饵和满足（satisfaction）。宙斯对希尔斯宠物粮、喵趣（Kit-e-Kat）、伟嘉（Whiskas）做出同样的反应：它看到或者闻到它们，（大约）把它们作为导向满足的东西。

这些动物就像我们一样，能够对不同的现象进行归类，从不同的现象中归纳出相同点。它们不能用**反思的**（reflective）方式来归类，但我们人类经过学习却能做到这一点。拥有与事物对应的词语使我们**能说出**把所有不同种类的茶杯或者指甲剪等联系到一起的相同之处。虽然如此，在前反思（pre-reflective）、前语言（pre-linguistic）层面上，像上文提到的这些动物都具有把事物 A、B、C、D 等等看成、闻成、听成 X 的能力。我们与动物都具有这种能力［参见拓展阅读部分所介绍的哈姆林所写的那本书 38
的第六章和普赖斯（H. H. Price）的书］。

老鼠与猫所拥有的辨别能力不仅与感知觉相关，还与行为相关。老鼠不仅把三角形认作即将出现的食物的符号，而且它为了得到食物就做出了恰当的反应。宙斯面对猫粮也是如此。我们现在谈论的不仅是某物的符号

(a sign of something)(如即将出现的食物或者带来满足的东西),还是为了某物的符号(a sign for something),如做出的反应。

那么,这就可以说明概念的使用不是必然需要语言的。把不同的现象认作在某些方面具有相同之处的东西代表了一种辨别能力,我们在没有语言的动物的符号认知活动中发现了这种辨别能力。我们很快就会看到,这点在教育上具有重要的意义。

盲人能拥有颜色这个概念吗?

从一出生就看不见东西的人能拥有颜色这个概念吗?如红这个概念?由于红(redness)是视觉上的属性,这又如何可能呢?但是设想一下,一位盲人说出这样的话:"你今天穿的是红色的裙子吗?""我们把信封留在红十字会了吗?"我们如何理解她使用的"红"这个字?如果她看不见颜色,那么她对概念的理解会是怎样一种情况呢?

她在语法上使用"红"这个字。她把"红"用作形容词而不是动词。她把"红"理解为物体的某种属性,而且她把"红"理解为一种确定的属性,是某种分布在事物表面的东西,如裙子的表面、十字形的图案的表面。她也明白这是别人能看到但是她看不到的一种属性。

所有这些让她对这个概念具有相当多的认识,很明显,她的认识与能看见的人对这个概念的认识有重叠之处。她所缺少的是关于红的经验。这意味着她拥有的概念与能看得见的人拥有的概念不能等同,虽然在许多方面它们是同一个概念。

对于她拥有红这个概念,她所不能做的是**辨认**红色的物体。在老鼠和猫的例子中,我们看到,辨别事物的能力是掌握了某个概念的表现。但是,盲人具有其他的能力。她能够理解其他人所使用的"红"这个字,她自己也能恰当地使用这个字。

拥有概念的两个层面

盲人与能辨认出三角形的老鼠都拥有概念，但方式不同。让我们从语言的使用者说起。在前面的例子中，儿童对概念的拥有是这样一件事情，即他知道如何正确、恰当地使用词语。这点包含许多内容：包括辨别事物的能力、在口语和书面语中恰当地使用词语的能力、理解他人所使用的词语的能力。所有这些能力的基础是理解（这种理解并不总是清晰的）词语在语言中的功能，即理解描述性词语、命名性词语、连词等词语的语法特征，理解一个词语的相关概念与其他概念的逻辑关系（例如红色是一种颜色，颜色是事物的一种属性）。盲人的例子已经揭示出这些深层次的理解。它也表明，这些深层次的理解如何与辨别事物的能力相分离，因为盲人对事物有深层次的理解，但没有辨别事物的能力。

儿童能够辨别事物却不能理解相关词语的功能吗？按照常理，这两者是联系在一起的。如果年龄稍大的儿童能够把红色的事物辨认为红色，他就必须对红色这个概念的逻辑特征有一定的理解——再说一次，理解不必是清晰的。但是，一个蹒跚学步的幼儿能够初步使用“杯子”这个词语，这又是怎样一种情况呢？她能找出杯子，并且不把它和盘子、不倒翁混淆，那么，她对“杯子”这个词的正确使用是否伴随着她对这个词语在语言中的用法的理解呢？是否伴随着对这个词语的语法、与其他事物的逻辑关系的理解呢？对于 18 个月大的幼儿来说，这些确实太复杂了。

但是，我们要记住幼儿的理解能力尚不完善，这点毫无疑问。尽管这样，理解也是有深浅之分的，不是一种要么有、要么无的东西。如果幼儿在某些情形中差不多能正确地使用“杯子”这个词，那么她至少形成了某种理解：杯子（本质上）是事物（而不是事物的属性），并且她可能知道杯子是哪类事物。她知道杯子属于用于喝东西的这类事物。我认为，儿童尚未明确地掌握这类事物，其所掌握的东西也不如成年人掌握得牢固、复杂；但是，即便如此，儿童必定对概念形成了某种萌芽般的理解。

因此，当面对蕴含在语言表达中的概念时，我们很难理解个体辨别事物的能力怎么就没能与其对概念所发挥的作用的理解（哪怕是不够明确的理解）相随。猫和老鼠与上述情况不同。虽然它们没有人类的语言，但它们具有原始的辨别能力。

40 人类使用概念的起源

这里提出人类使用概念的可能的生物学基础。传统的观点认为，只有人类拥有概念，动物没法拥有概念——这是绝对的分界线。但是，这种看法忽视了把两者联系在一起的共同特征。就像人类的其他能力和反应一样，使用概念的能力扎根于我们所说的“动物”本性中。符号认知是基础，在这个基础上，更加复杂的、依赖于语言的概念使用形式被确立起来了。

符号认知在感知觉的情境中被“系在一起”，动物就处于这一层面。人类依赖于通过语言而获得的概念工具，因而其能够自主地进行思考。在感知觉场景缺失的情况下，儿童依然能够思考——罗马帝国的衰落或不在现场的父亲。老鼠辨认三角形的能力只有在三角形出现的情况下才能被激活。其实情况不只是这样。由于老鼠把三角形看作食物的符号，因此，老鼠就不得不处于需要食物的状态，即饥饿状态，而不能是刚刚被喂饱的状态。

（被系在一起的）符号认知的生物学的优势是显而易见的。它使动物挑选环境的一些特征，这些特征能够帮助它们达成本能的目的，如，吃、交配、躲避危险。许多哲学家论证过这个观点：在人类生活中，实践理性位于理论理性之上。如果他们是对的，那么，物种（我们人类也是从中演化而来的）的符号认知能力就具有深刻的生物学根源。

符号认知只限于人类，且人类进行概念化活动的唯一形式是依赖于语言的这个印象是错的。符号认知在人类生活中扮演着重要的角色，尤其是在人类的教育活动中。

如果我们仅仅拥有依赖于语言的概念，那么在幼儿学习语言之前，概念的学习就无法开始。诚然，很难说以下情况是从什么时候开始的：尽管儿童直到 1 周岁左右才开始掌握一些语言，但他们从在摇篮中起就暴露在别人的语言中。在他们自己使用词语之前，他们可能已经对语言有了一定程度的理解。比如，不会说话的 1 岁的儿童，如果有人要求他把有颜色的塑料球放入有颜色的塑料托盘中，他是能做到的。但是，越往前看，婴儿在刚出生的前几个月、前几个星期，他能理解语言的可能性很小。

然而，婴儿在最初的几个月不是无心灵的（mindless）。婴儿除了能感到疼和有其他感觉外，他还有感官体验，他能吮吸母乳，对熟人、陌生人、周围的环境做出反应。在看、闻母亲乳房的过程中，婴儿的符号 41
认知早已存在，或者更广泛地说，母亲导向食物（leading-to-food）。当把母亲、周围的其他人导向愉悦和舒服（或者母亲不幸地被导向痛苦和不愉快）时，符号认知就出现了。如果这点是对的，怎么强调对概念的掌握始于摇篮（它在任何一个父母教育的项目中）都不为过了。下面讨论概念学习时我们还会回到这一点。

如果仅当语言出现时，概念才出现在儿童的生活中，那么，语言的学习是怎么开始的？儿童在自己说话之前，他们听见别人说话。他们听到陈述句、疑问句、命令句以及镶嵌在这些句子中的词语。他们把听到的这些内容当作什么呢？

他们不会把自己听到的内容当作语言的货物（像我们这些成熟的语言使用者那样），因为儿童自己处于入门状态。我们不得不假设，他们把自己所听到的内容当作符号，就像他们周围环境中被感知到的其他特征——母亲的乳房、奶瓶、说话声、母亲的脸、微笑。他们被语言包围，就好像他们被所有其他的事物包围。“谁是最好看的男孩”的评语和其他充满感情的评论被儿童视作舒服和愉悦的预兆。稍后，当父母开始专注于具体的词语后，这些词语一定会成为最初的能指（signifiers）。“这是爸爸！”“泰迪在哪儿？”“尿尿。”儿童抓住它们，因为它们与欲望有关，这些欲望早已存在于儿童日益成长的欲望结构中：想要食物、想要安慰、社会依恋、娱乐、游戏、好奇心的满足。

人类生命中的符号认知不限于婴儿期。我们并非只在生命之初具备像其他动物一样的符号认知能力，在接触语言之后就进入不同的认知层面，把这种更为原始的功能给遗弃了。我们大多数复杂的行为都依赖于符号认知。举一个技术高超的枪手射中沙锥鸟的例子：

> 尽管或许正是因为鸟儿的曲线飞行轨迹，他能够十分精确地估计出他扣动扳机后几分之一秒，鸟儿会在哪里。这种估计是符号认知的一种形式。鸟儿前半秒可见的飞行轨迹是它后半秒所到之处的先导信号。所指的运动（the signified movement）非常具体地表现为方向和速度。枪手显示了卓越的“判断力”，就像我们所看到的，他的判断力指挥他拿枪正好瞄准这个方向，正好在这个时刻扣动扳机。但是他良好的判断力自身并没有表现为哲学家所说的“判断行为”（act of judging），也就是说，没有表现为由词语所构成的命题，更不用说由私人的、想象的词语所构成的主张。如果我们用“判断行为”这个名称，那么他的判断行为就完全是处于语言之前的。（Price，1953，p.101）

42

有大量常见的例子证明我们依赖于符号认知。我们看到乌云就想到雨；我们注意到某个人黑着脸，我们就知道有人冒犯到他了；我们听到门铃响，就猜测是有客人来了。我们对身体语言不假思索的反应是另外一个例子。用这种方式，儿童从很早就学会观察环境，并对环境做出反应。与语言学习一样，这也是他们教育中不可或缺的一部分。

在人类和动物的例子中，我们主要关注了面向未来的符号认知的形式：我们看到 X，便会期望 Y 出现。但是某个人黑着脸的例子提醒我们，符号可以是已经产生的符号，也可以是已经产生的迹象。类似地，一位侦探看到一双鞋的印记，把它看作有人闯入花园的符号；一位考古学家把挖出的不同颜色的土看作早期居民在此生活过的痕迹。也有同时存在的符号：在环法自行车赛中，领头的车手边皱眉、边咬牙，这表明他感到疼，但是他决心要克服困难；当我写作的时候，我背后响起引擎的声音、车轮的声音，这些告诉我一辆车正在路上行驶。

体育课和其他学科中的概念学习

在体育课、运动项目的训练过程中，符号认知很重要。除了拥有土地的贵族的孩子外，没有几个孩子会接受射箭训练，并把它当作教育的一部分。但是，许多孩子都学习运动项目，如足球、网球。为此，在球场上时，他们需要根据他们看到的情况学会做出适当的反应。他们把这些看作某事即将发生的迹象：对面的击球手的腿部动作代表着他将要跑回本垒，从各个角度来看，球飞过网代表着它即将落地。技术高超的足球运动员或者网球运动员对那些将要发生的事情了然于胸，他们能唬住对手，让对手认为某事会发生，但其实并不会发生。概念学习是体育课的一部分，就好 43
像它是数学课的一部分一样。我们还会回到这个话题。

学习做饭是另外一个例子。不管是普通人还是烹饪大师的厨艺都涉及能够把准备好的东西——酱汁、香肠、汤——视作最终成品或者一道工序的材料。制作鸡蛋饼的人看到鸡蛋液中混合的肉末和菜末在平底锅中凝固，会明白这是一个符号，即它代表着再过几秒钟就要翻饼，然后饼就可以出锅了。

许多课堂任务中都有符号感知、做出适当的反应的要求，尤其是在技术、家政、实用科学、体育等课程的手工活动、身体活动中。这些活动如果要想很好地进行下去，都要求细致地训练学生的智力。（关于这一点的进一步论述，请参见第 5 章。）

在学科课程的排序中，这些学科大多数地位都比较低。不依赖于符号认知的智力活动占据着优先位置。这又在多大程度上是偏爱人类，并且把人类与动物的一切共通之处都排除在精神领域之外的过时偏见所造成的结果呢？

语言造成的差异

符号认知在人类生活及一些更加专业化的活动中扮演着重要的角色。它在概念学习中所扮演的角色不应该被忽视。话虽如此，符号认知主要与更狭义的概念有关，与理解词语（或者其他记号）并且对其做出反应有关。我在前面所主张的对概念的拥有是一种技能。如果儿童有山地自行车这个概念，他就知道如何恰当地使用“山地自行车”这个词，就能够在恰当的场景中说出这个词。当其他人使用这个词时，他就能够理解别人的话。当他看到山地自行车时，他就能够认出它们。

这些能力的基础是对山地自行车和与其相关的概念（如轮子、齿轮）之间的逻辑关系有更深刻的理解，这种理解，正如我们在前面所说的，通常是无须言明的。这包括我们在一般的概念体系中从语法角度去理解某个概念的作用，如，山地自行车是被用来指代事物的，而不是被用作状语的。

在能力与不同类型的理解背后的、未被言明的是个体对原则的把握，
44 即把不同现象按组归到一起，并把它们放在概念下。世界上可能有不同材质、颜色和型号的山地自行车，但是它们的共同之处在于，它们是有轮子的车，由骑手和可骑行的路面提供动力。

不是所有概念都能被严格界定。概念与概念之间存在差别细微。刚才我对山地自行车进行描述并不是要给出一个精确的定义。在任何情况下，给山地自行车下一个精确的定义都是不可能的。它不像某些数学概念或者科学概念，如六边形、电子有精确的定义。

能用语言表达出来的概念，不仅包括可以被触摸到的事物，如山地自行车，也包括颜色、事物的其他属性、人、行为及其方式、事物之间的关系、逻辑关系。从语法上讲，词语可以被归为名词、形容词、代词、动词、副词、介词、连词等。对教育持有传统见解的人坚定地强调语法在培

育心灵方面的重要性。儿童必须能够使用这些不同种类的概念，就好像这是他们的第二天性似的。儿童如何做到这点是另外一件事情。传统主义者比较温和地呼吁回归旧式的语法课程。

人不仅是通过口头语表达概念。2001 年夏天，报纸报道了格雷姆（D. Graham）的进步，2 岁的她，为了能与聋哑的妈妈交流，从五个月起就掌握了手语。

> 格雷姆如今熟练地掌握了复杂的交流艺术，甚至在她开口说话前，她已经学会用手势来表达感情了。
>
> 她现在能与她 36 岁的单亲妈妈苏珊（Susan）聊天，如果有人按门铃，她会告诉妈妈门铃响了，如果有人敲她家的门，她也会告诉妈妈。[《泰晤士报》（*The Times*），2001 年 8 月 16 日]

再说最后两点。人们有时候说，儿童依靠自身的经历能够（并且的确能够）拥有不同的概念，如猫。一些儿童可能会把所有的猫都看作邪恶的，而有一些儿童却把猫看作可爱的。

这些联系很主观，需要与概念内涵中客观的、有逻辑关系的部分区别开来。猫必然是动物或者哺乳动物，但它们并不必然是可爱的或者邪恶的。在客观的意义上，儿童的确能够拥有相同的概念。 45

最后，需要提醒的是，拥有一个概念不是有或无的问题，而是程度的问题。从教育上讲，这点至关重要。就拿婚姻的传统概念来举例，婚姻是一名男子与一名女子的结合，包括公开宣誓爱与忠诚。一名 5 岁的女孩不会理解婚姻的所有要素，包括性的方面。但是这名儿童不会对婚姻包括什么一无所知。她对婚姻的部分内涵有所理解，而且她长大以后会完全明白婚姻的内涵。

概念来自哪里?

重申符号[①]

首先来看符号认知。前面描述了它普遍存在于人类生活之中。它如何能通过养育和正规的教育被发展起来呢?

它必定有内在的基础。树和石头没有这个基础。在那些能够感知和行动的生物中能发现这个基础，它们能把一些事物感知为其他事物的记号，也能把某物感知为做出某种反应的记号。

为此，我们人类需要重复经历一些有所关联的事情，这样，这些事情之间的联系才能在我们的心灵中得到强化。这就是为什么稳定的环境对于儿童早期的成长非常关键的原因。

有没有教的存在，这种重复的经历都有可能发生。儿童从爸爸的声音中听出某种迹象，注意到爸爸生气了。或者父母和教师鼓励儿童注意到自然界中早已存在的联系（闪电是雷的征兆，眼泪是悲伤的记号），又或者父母和教师设计一些事件来强化它们（在学习打板球的过程中，重复弯腿的投球动作，通过反手击球使球旋转得更厉害）。

与此相似，**行为和反应**大致也自动地与符号相关。在没有人教儿童的情况下，它也能发生，如一名幼儿遇到陌生人时后退，陌生人被看作某种模糊的危险。或者，在有人教儿童的情况下，它也能发生，如儿童被鼓励对深陷苦难的人表示同情，或者网球运动员接受某种反手击球的训练。也有可能出错。学习者可能没有注意到本该注意到的联系，或者没有做出恰当的反应。教师试着纠正他们，直到注意到某种联系和做出某种反应对他们来说成为一种习惯。

① 作者在此处用的是“sign”一词，该词可被译为迹象、符号、记号、征兆等。根据作者使用“sign”的语境和汉语的表达习惯，我在翻译该词时，不是仅用了“符号”这一个译法。——译者注

概念与定义

46

现在我们在更加熟悉的意义上来谈论用语言表达的概念。儿童对它们的学习构成了教育的大部分内容。它们是如何被学习的？

对这种概念的学习有时候是通过口头的定义。儿童通过学习明白"heifers"是年幼的小母牛，光合作用是植物把光能转化为化学能量的过程。这种学习在正式或非正式的场合都会发生。一个星期就是七天连续相接的周期，但是儿童没有在固定的课程中学习这个概念与它的逻辑联系，而他们或许在固定的课程中学习光合作用这个概念。他们通过日常交往学习星期这个概念。

不用说，学习定义不能依靠死记硬背那些自己并不理解的术语来实现。如果小学生了解界定 A 的含义时要涉及 B、C、D，那么他们就必须理解这些术语的含义，以及 A 是如何与 B、C、D 联系在一起的。

在理解或者不理解的情况下学习定义，都可能是不恰当的。在狄更斯的《艰难时世》中，有一堂著名的概念学习的实物教学课，朱浦（S. Jupe）是葛莱恩老师班上的小学生，她是马戏团驯马师的女儿，但是她却不能给马下定义。当教师问模范学生比泽尔（Bitzer）时，他用牙齿和蹄子来描述马。

当然，朱浦心中早已有这个概念。她从她的父亲日常驯马的经历中知道了什么是马。她能够辨认出马，如果有人督促她给马下定义，她毫无疑问能够给出关于什么是马的描述，但是那将与比泽尔给出的伪科学的定义完全不同。

儿童不会学习他们所使用的大部分概念的定义。他们通过桌子、牛奶在他们日常生活中所发挥的作用来学习什么是"桌子""牛奶"。桌子是座位旁边的东西，可以用桌子吃饭、画画。牛奶是用来喝的或者是泡麦片的。它们与其他概念——坐、吃、画画、喝——之间的联系是自然而然形成的。但是这种联系是松散的，不像定义中那样紧密。

即使是这样，联系也是存在的。幼儿通过他们熟悉的概念建构他们对新概念的理解。

从经历开始？

47 但是，这产生了一个问题。儿童是如何学会第一批概念的呢？一旦儿童学习概念走上正轨，其就有了脚手架，他们能用它建构更高级的概念。但是这种上升的过程是如何开始的？

看起来必须要有基础性的概念，即不必借助于其他概念就能学会的一类概念。一种简单的颜色，比如红色这个概念可能就是这样的一个例子。试着用其他术语解释红色与其他颜色的不同，比如绿色或者蓝色。如果我们不知道用光的波长对不同颜色进行科学的描述的话，我们是没法解释红色与另一种颜色的差异的。非常年幼的儿童也不是用这种方式学习红色这个概念的。

那么，儿童到底是如何学习红色这个概念的呢？如果他们不是通过其他术语来学习这个概念，他们难道不能直接从自己有关红色物体的经历中学习这个概念吗？

也许这个解释行得通。非常年幼的儿童看到她周围所有有颜色的物体，这其中包括许多红色的物体——红色的塑料铲、红色的球、红色的聪明豆（Smarties）玩具、红色的沙发、红色的花。她要做的是设法从中挑选出红色的物体。她要设法注意到红色物体所拥有的共同属性。通过对她见过的红色物体的通用属性进行抽象化，逐渐获得红色这个概念。（我们在这一章的前面接触过这种说法。）

在这段经历中，儿童仅凭自己未经指导的经历学会了红色这个概念。在另一版故事中，她的母亲或者父亲也发挥了作用。正是父母把她的注意力吸引到铲子、花、糖所具有的共同特征上。她的父母指着玫瑰花告诉她：“这是红色的。”指着蝴蝶兰对她说：“这不是红色的。”儿童仍旧从她所看到的周围物体中抽象出了共同的属性，但是这次有父母的帮助。

这种基本概念学习过程的“抽象主义者”（abstractionist）的描述，尤其是第一个版本的描述在“儿童中心”的教育学论述中极为显著。有时候，它被理解为“发现学习”（learning by discovery）的根源。它为如下做法提供了理论上的合法性，即让年幼的儿童近乎独自置身于经过精心构造的刺激感知觉的游戏环境中。这个观点认为，当儿童获得更多有关不同事物的经验后，他们就会逐渐抽象出共同的特征。例如，置身于单个物体、成对的物体或者三个一组的物体组成的环境中，有助于儿童抽象出最初的数字概念。如果教师和家长通过说几句“这儿有两个”这样的话能有什么作用的话，那这个作用不过是促进儿童已经自发投入的进程罢了。

在我们没有探究抽象主义者的描述之前，其似乎足够合情合理。这种
抽象出共同属性的过程是如何发生的？假设儿童看到周围红色的物体除了 48
颜色都是红色之外，还有其他共同的特征，那么她如何抽象出红色这一共同特征，而不是其他特征呢？

有人可能这样回答：如果她对有颜色的事物有丰富的经验，凭借这些经验，那么她所看到的**所有**红色的事物很有可能不是正方形的、木头做的或者有 3 英尺长。这完全正确。但是，空间属性呢？红色的铲子具有空间属性，红色的玫瑰和红色的裙子也是如此。所有红色的物体都是这样。那么，儿童如何专注于物体的红色，而不关注其空间属性呢？

这难道不是意味着她聚焦于红色物体的颜色，而没有聚焦于红色物体的空间属性？如果是这样的话，这难道不是意味着她必定**早已**有了颜色这个概念吗？

但怎么会这样呢？我们正在探究儿童是如何学习他们的第一批概念的，我们在探究“底层”概念。但颜色是比红色更加普遍的概念。颜色至少排在概念的第一层。

换言之，我们一直假定，概念学习开始于“最底层”的概念，一旦对它们的理解到位，高一级的概念就在它们的基础上被建构起来。但是，我们现在面临的问题是，儿童学习颜色这个概念好像不是晚于红色这个概

念。颜色这个概念必定早已在儿童的心灵中，使得儿童学习红色这个概念成为可能。

如果我们用另一版故事，即儿童在某种程度上依赖于他人向他们指出红色的物体与不是红色的物体，并且说出“红色”“不是红色”等，情况并没有好转。

对于教师来说，在另一版故事中，“红色”这个词是属于**语言**的某种东西。但是，对于小学生来说，情况却不是这样。如果真是这样，小学生就会早已拥有语言这个概念。再说一次，与颜色这个概念一样，这几乎不是一个“底层”概念。

当儿童听到她的父亲在红色物体、不是红色的物体的前方发出“红色”“不是红色”的声音时，儿童的理解是什么？她父亲的话是想要把她的注意力转到红色事物的红色这个属性上。但是怎么做到这一点？红色不是能够被明确指出来的属性，因为无论何时人们指出红色，他们就不可避免地指向某个物体在空间中的延展性。儿童必须明白颜色才是人们争论的焦点。因此，她一定已经拥有了颜色这个概念。同理，如果她知道颜色是什么，她也一定掌握了属性这个概念，因为颜色是事物的属性。

我们又回到了解释第一个版本的故事时所遇到的问题。

49 如果我们把所有要点——在不同故事版本中的抽象活动——都放到一起，那么红色好像不能成为基本概念。为了掌握红色这个概念，学习者显然必须早已掌握诸如颜色、属性等概念，甚至可能已经掌握语言这个概念。

但是儿童如何掌握这些概念呢？

概念先于经验？概念是人与生俱有的吗？

一个不可抗拒的答案是儿童从未拥有这些概念。事实上，这些概念是先天的。不同时代的哲学家——柏拉图、笛卡尔以及我们这个时代的乔姆斯基——均持这种观点。在这种观点看来，概念学习不是感知觉印象被动地进入学习者的心灵，并且以某种方式促成某个观念形成的过程。学习者的经历必须契合其早已具有的概念结构。这种结构先天地存在于我们的心灵之中。

这种结构的外延意味着什么？我们越使得这种结构无所不包，它就越不合乎情理。我们怎么可能生来就具有肉串、软盘、喷气滑水机这些概念？这些概念显然是文化的产物，因为这些概念出现在人类的某些文化中，但是没有出现在另外一些文化中。因此，很难说这些概念是人天生就有的。

但是刚才引出问题的那个概念不是肉串或者喷气滑水机，而是颜色和属性。我们天生就拥有这些概念吗？

尽管这些概念不属于特定的文化，但是它们仍是文化的产物，因为它们属于人类的语言。它们不属于非人类现实的那个部分，其与卵石和防风草不是一类事物。因此，仍旧存在这个问题，即依赖于人类文化的事物是如何在生物学意义上被植入我们心灵之中的？

对于我们如何拥有概念这个问题，初看起来，先天论者的观点的问题不比抽象论者的观点少。有出路吗？或者我们走进了死胡同？

我想我们没有。我们好像被儿童不能把红色当作基础概念来掌握的想法驱动着得出必定存在着先天的观念这个结论。为了掌握红色这个概念，儿童需要在此之前拥有颜色这个概念，并且为了掌握颜色这个概念，他们不得不已经拥有属性这个概念。

使我们走向先天论的是这个“已经”。它指出，在某个被宣称为第一个概念的前面，某物必定已准备就绪。除了出生前，它能被安置在哪儿？

但是我们需要引入“已经”吗？的确，如果一名儿童掌握了红色这个概念，她必定理解了红色是一种颜色，并且她已经掌握了颜色这个概念。 50
但是在最后一句话中没有“已经”的痕迹。它所说的只是如果你不理解颜色，你就不能理解红色。

这不意味着颜色在先。因为原则上，人可以同时掌握红色和颜色这两个概念。

概念学习与关联思维

这确实在儿童的学习中发生过。我们在前面看到，理解一个概念，不是全或无的事情，它是有程度差异的。

就拿前面提到过的1岁左右的儿童来举例，她能够把有颜色的球放入对应颜色的塑料托盘中。她还不能使用“红色”或者“绿色”这些词，但是当她被要求把红色的球放入红色托盘中时，她知道自己要做什么。由此，她对红色有某种理解。但是，在逐渐理解这个概念的同时，她也在逐渐理解更加宽泛的颜色这个概念。她逐渐知道红色是一种颜色，绿色、蓝色和黄色也是。

大概在这段时间，随着父母与她一起使用这些词语，她也开始学习其他表示颜色的词——棕色和粉色——意味着什么。稍后，她会走近更加细微的概念，如淡紫色和浅褐色。她对颜色这个概念——几种差异较大的颜色，如红色和绿色——的理解现在变得更加细致、完整，即她更加关注不同颜色间的细微差别，把一种颜色逐渐变为另一种颜色。她也开始理解，最初的颜色形成了一个圆圈，黑色和白色有时候也能被算作颜色。这种理解几乎不能用语言来表达。

不同概念之间存在各种逻辑关系。红色是一种颜色。颜色是一种属性。西班牙猎狗是狗。狗是动物。动物是生物。一旦儿童接触日常生活中的概念，如红色和狗，她也就开始接触更大的网络。她非常清楚狗与椅子之间的区别，知道狗是生物。直到现在她对于什么是活的物体、什么不是活的物体认识是相当基础的。只有到了后面，她才开始能将植物和动物归为同一个类别。

不需要增加新的例子了。这些例子已足够说明，事实上，抽象主义者的观点和先天论者的观点犯了同样的错误。他们各自都假定，当你在学习概念的时候，你是在学习某种具体的东西。

但是红色不是一个基础概念，它不是一个基点，更大的概念体系不是建立在它之上。它本身包含着更加一般的概念。与此类似，我们不是天生就具有一般概念的框架，如属性，然后逐渐适应以经验为基础的概念，如红色。概念关系之网不能被撕开。概念是在整体上逐渐被人所理解并学习的。 51

承认这一点，能够帮助父母和教师避免一些常见的错误。一些人可能想说，诸如民主这样的概念超过了一个正常的 5 岁或者 6 岁儿童的理解水平。在儿童读初中的时候，可以很好地引入这种概念，但这是几年后的事情了。

如果我们认为，概念的一部分能够被理解，并且，对其的理解有程度之分，这样一来，我们就有很好的理由向年仅 5 岁的儿童引入诸如民主这样的概念。他们能够对做出选择的观念有某种理解。他们能对不同群体的决定会对整个群体造成影响有某种领悟。有时候，某个群体的决定是由一个人做的，如教师或者父母，而有时候这个决定是大家一起做的，就如一起行动的父母或者一起玩耍的儿童。正是基于以上概念与其他概念，儿童对民主这个概念有所领悟。

举一个我认识的 5 岁小孩瑞秋（Rachel）的例子。她第一天从学校回家后就宣布："我是学校委员会的。"原来她被选为班里的女生代表。"你在委员会里做什么？"她的父亲问她。"我制定规则"，她说。尽管这里呈现了最微弱的小孩版的"朕即国家"（*l'état, c'est moi*），但是瑞秋已经上道了。

概念学习是整个社会的事情

儿童不能独自学习概念。就像其他动物一样，儿童生来就有符号认知这项能力。正如其他动物一样，此时他们建立的一些联系没有外来的帮助。但是从儿童一出生，父母就会帮助他们形成自己的世界，帮助儿童理解什么与什么在一起。他们不断地建立与强化期待。没有这种社会化，儿童对世界的很多理解和许多令人愉悦的活动机会就会被剥夺，这样是不可能有养育可言的。

在儿童成长早期，父母和其他人花大量时间向儿童揭示事物之间的联系：自然界中的联系、姿势与身体语言的关系、日复一日的时间安排。父
52 母带着孩子去听门铃的响声，知道它是客人来了的符号；父母带孩子去看马路和电线，向孩子指出它们是危险的；告诉孩子微笑是舒适的符号，积雨云是要下雨的符号，皱眉表示不同意。

如果儿童根本没有这样的经历，那么，与其说他们的童年生活是贫乏的，不如说他们根本没有接触真正的人类生活。儿童自动地建立起诸如此类的联系的概率微乎其微。他们必须被仔细地引导着以注意这些联系，他们所犯的任何错误都必须被纠正。

如上所述，人类生活中许多赫然在列的实践的、身体的活动，也都依赖于符号认知：游戏、烹饪、园艺、木工活、文字处理……。学习者在学习这些项目时也需要他人的审慎引导和纠正，因为仅靠自己是绝对没法掌握这些领域的复杂联系的。

对世界因果关系的建立为儿童进入语言和某种新的概念学习（语言使得这种概念学习成为可能）提供了基础。重申一下，这里没有清晰的界限。语言贯穿早期阶段的符号学习（最初仅有父母在幼儿身边说话，渐渐地幼儿自己在某种程度上能理解语言了）。

一旦儿童开始理解然后积极使用他们在学习母语过程中所掌握的概念，他们就进入复杂的相互联结的网络中。他们逐渐地同化逻辑关联意义上的新世界。

靠自己他们能做到吗？抑或他们需要父母或者周围其他人做他们的老师吗？实际上，他人**是**在他们周围的。但是他人是什么角色？他人能够让年幼的儿童在任何情形下做想做的事情时变得更加容易吗？或者他人的投入是不可缺少的一部分？

这一章讨论了早期的一些观点，这些观点都有以下预设：儿童能够自己学会使用概念（正如一个小女孩直接从自己的经历中抽象出红色这个概

念的例子所示），或者儿童把他们与生俱来的概念运用于他们的经验。认为儿童可以自主学习概念的一般观点长久以来吸引了教育者、以儿童为中心的教育理论者（他们反对把成人的观点、价值观强加给儿童，甚至认为这侵犯了儿童的自由）。

但是，儿童能够自己学习概念的观点是没有根据的。我们并不是在没有证据支持它是个心理事实这个意义上觉得它可疑。它似乎甚至是件让人难以想象出来的事。

这是个很强有力的主张，需要予以证实。正如我们所看到的，不是每一个术语都能够被单独界定。毫无疑问，"红色"是一种颜色的名字，但是它不同于其他颜色的地方没法用语言表述出来。这里我们的经验登场了。朱浦心灵中的马的概念完全正确，她能清楚地说出马是一种动物。但是，不管是她还是我们，包括比泽尔在内，都不能说出马的定义。西丝与我们一样，从经验中学到马是什么样子的、如何认马。 53

但是，能够让我们辨别红色的物体或者马的经验的标准是什么？这些标准经由成熟的语言使用者传递到那些语言的初学者那里。父母向孩子指出在草地上吃草的马、图画书中的马、电视里的马。父母谈论它们像什么、正在做什么或者被用作什么。儿童看到马甩尾巴，听到它们的嘶叫声。儿童用这些方式逐渐与父母乃至更大的群体共享这个概念。通过我们说某物是马或者不是马，儿童在不知不觉中掌握了这个标准。如果儿童犯了错误，比如把驴称作马，他的父母会纠正他。一次次之后，儿童学会正确地辨别马。大众对什么算是马有一致的理解，儿童由此不得不共享这种理解。

这是在现实中发生的事情。问题是会有其他的可能吗？在**没有**其他人帮助的情况下，儿童能够形成这种理解吗？很难看到这种情况如何发生。毕竟，儿童必须要学习马的**正确**属性。不能**由着**儿童说什么算是马。大众对什么算是马有共同的理解。正是因为有这种共同的理解，才能说某人是对的或错的。

维特根斯坦在《哲学研究》(*Philosophical Investigations*)(参见后面的拓展阅读)中的主张把这些问题都说清楚了，即概念是公共现象，其内涵中包含了经过公众同意的标准。它们不是儿童自己积攒起来的私人成果。

教育者和教育学者如果否定这点，认为任何值得学习的东西必定是儿童自己的经验和活动的产物，那么他们就对儿童造成了可怕的影响。儿童需要被引入由概念和概念体系所组成的“公共遗产”中。如果因为认为纠正是在进行不合理的灌输而在儿童犯错时不予以纠正，那么儿童如何成为完全的概念使用者?

这些事实不仅适用于比较简单的概念，如红色、马，还适用于更加复杂的概念(更多的是教师而不是父母会接触后者)。然而，无论是简单
54 的概念还是复杂的概念，其都是由社会构造的。它们都具有自己正确的标准，儿童必须被引向这些正确的标准。

许多概念是社会繁荣不可或缺的元素，也是人类文明的组成部分。这些概念是什么都是很大的问题。但是，为了便于讨论，假设我们同意(至少在我们的语境中)这些必不可少的概念包括分子、正方形、根、民主。若果真如此，那么教育者就有责任确保学生掌握一些能够让学生正确地使用这些概念的规则，如不混淆平方根与平方数、分子与原子。

所有这些意味着教师的干预——解释，举例，考查学生是否达到了要求，当学生不对的时候纠正他们。我们不能完全放任孩子，以为他们自己能够独立地学会这些概念。儿童对概念的理解不会自然地发展起来。如果儿童在以儿童为中心这个理念的保护下被养育，那么，他们可能会发现自己很难进入更加复杂的专业学习领域。

这一章从总体上探讨了概念和概念学习。说这点重要，是因为概念在我们大部分的心灵生活中发挥作用(正如我们在第1章所看到的)。但是，关于不同类型的概念之间的差异、概念进入我们信念的方式、各学科的知识还有很多要说的。我在下一章将连同其他问题一起讨论这些问题。

小结与要点

第 1 章展示了在易受教育影响的儿童心灵生活的每个领域中概念所发挥的核心作用。那么，什么是概念？传统观点认为，概念是人头脑中的观念，为了与他人交流而随时等着语言这件外衣的装饰。这种观点是有问题的。如果动物能够使用概念，那么就很难把拥有概念与正确使用语言的技能等同起来。有一种情况把符号认知的形式归为动物初级的概念化能力。在人类生活中，这些能力也扮演着关键的角色，特别是对于开口说话之前的儿童来说更是如此。由于语言，儿童不仅能够辨认不停出现的特征，而且能理解观念之间的逻辑关系。

就儿童掌握概念而言，经验主义的观点和理性主义的观点都有问题：经验主义在从经验中抽象出共同的特征这点上回到了洛克的理解；理性主义的观点奠基于柏拉图、笛卡尔以及当代的乔姆斯基，认为概念是先天的。受维特根斯坦启发，另一种观点排除了个人主义的视角，主张概念是一种公共现象，儿童要想掌握概念，就必须被引向公共规范（因为公共规范影响着人对概念的正确运用）。 55

这一章也有一个离题的话题，即给年幼的儿童教授哲学。

拓展阅读

关于概念本质的简短的哲学讨论，请见牛津大学出版社 1989 年出版的肯尼的《心灵的形而上学》一书的第九章和雷伊（G.Rey）的《概念》（Concepts）一文，其收录在布莱克韦尔 1994 年出版、格滕普兰编写的《心灵哲学手册》一书中。洛克的观点是，我们所有的概念来自经验，他在《人类理解论Ⅱ》(*An Essay Concerning Human Understanding Book Ⅱ*)的第一、二章中对此进行了论述。至于近来更加专业的论文集，请见麻省理工学院出版社(MIT Press)1999年出版的马戈利斯(E. Margolis)和劳伦茨(S. Laurenc)所写的《概念：核心读本》(*Concepts: Core Readings*)一书。

也许，对概念掌握最令人振奋但却有点苛刻的描述是劳特里奇和开根·保罗出版社(Routledge and Kegan Paul)1982年出版的哈姆林的《经验与理解力的发展》(*Experience and the Growth of Understanding*)一书。该书对各种立场进行了综合，涵盖了经验主义者的理论和先天论者的理论。在这一点上，它比较接近麦金太尔的《依赖性的理性动物》第二章的内容。吉奇的《心灵行为》(*Mental Acts*)一书的第五至十一部分则不同，这本书是另外一部维特根斯坦式的传统著作，它否认概念的拥有依赖于语言的使用。关于维特根斯坦的贡献，请见开根·保罗出版社1953年出版的《哲学研究》一书的第一部分。普赖斯在《思维与经验》(*Thinking and Experience*)一书的第四章至第六章关注了符号认知这个话题，该书1953年在哈钦森出版社(Hutchinson)出版。温奇(C. Winch)在《人类学习的哲学》(*The Philosophy of Human Learning*)一书的第九章对本章所研究的问题做了比较细致的研究，该书1998年由劳特里奇出版。

我在《哲学之根》(The Roots of Philosophy)一文中对给年幼的儿童教授哲学进行了批判性的讨论，这篇文章被收录在格里菲思(A.P. Griffiths)编写的《哲学的冲动》(*The Impulse to Philosophise*)一书中，该书1992年由剑桥大学出版社(Cambridge University Press)出版。马修斯(G. Matthews)比较赞成给年幼的儿童教授哲学，相关论述可参见《哲学与幼童》(*Philosophy and the Young Child*)一书，该书1980年由哈佛大学出版社(Harvard University Press)出版。

第 3 章　信念：我们据此航行的地图

56

信或者不信?

几年前，我们一个朋友的女儿杰西卡（Jessica）（当时她大概 4 岁）非常担心核爆炸。大一点的孩子告诉她会有核爆炸后，她害怕自己的家人都会被炸死。她的妈妈试着安抚她，但是未果。最后她妈妈用了这一招：每次杰西卡休息时，她就告诉杰西卡她会在全家人的脚上撒上神奇的粉末，这会使大家远离所有的危险。妈妈撒了几次粉末之后，杰西卡的恐惧彻底消失了。

在这个案例中，养育与教育主要和信念有关。我在这里所说的信念不是宏大的东西。我不是只谈论相信上帝、复活或者共产主义必定胜利的信念。杰西卡的信念——她全家人都会被炸死——相比而言不是很宏大，尽管它让人深深沮丧。取代杰西卡原有信念的信念——她全家人都会安全——也不是很宏大。

我们每一个人的内心都有一张巨大的信念之网。其中一些信念是暂时的，比如我相信马上会下雨；其他的一些则比较持久，比如我相信布莱尔是英国的首相；还有一些是我终身都相信的，比如纽约是个大城市，分子由原子构成，2+2=4。

儿童必须被引入无垠的信念矩阵中。这在教育中是很明显的事实。但是，什么是信念？信念如何与我们早已学习的东西联系起来？

信念是持久存在的，不是即时的。有些并不构成当下的意识状态，如，脚趾疼，感到愉快，想着星期五的晚上。我相信纽约是个大城市这个信念在我的信念之网中持续存在。我不需要为了拥有这个信念而想到纽约。

57 从教育上讲，这意味着信念属于心灵的**素质**，作为教师，我们利用它，也想让儿童得到它。它不属于活动和经验——为了提高儿童的素质，我们鼓励他们参与活动。信念与技能、品格相配，其与对某事的推理、听磁带、打球都不相配。

它有两个要素。比如，一名儿童相信圣诞老人在圣诞节会给我们送礼物。年龄大点的儿童认为这不是真的。在这两个例子中，我们能够区分儿童的**心灵状态**（state of mind）或**态度**（attitude），与儿童的相信（believing）以及所信的是什么**内容**。在其中一个例子中，它是圣诞老人给我们送礼物；在另外一个例子中，它是圣诞老人不会给我们送礼物。

相信（believing）只是对此类内容的一种**态度**。另外一种态度是假装（supposing）。一名儿童不相信圣诞老人存在这件事已经有很长时间了，但是她会玩游戏，假装圣诞老人真的存在。她让自己的想象力驰骋。她假装（或者假设或者考虑这个观念）圣诞老人给我们送礼物。她不相信这点，但是她暂时悬置了她的不相信。因此，她的态度是不同的。但是其内容——圣诞老人给我们送礼物——与那些相信这个观念的儿童是一样的。

我稍后会在第7章再回到假装或者假设。在坚持相信的同时，我们已经看到它如何被囊括在人对一项内容的某种态度中。内容是一个命题，通过"圣诞老人给我们带礼物"或者"明天可能要下雨"或者"2+2=4"这类词句被表达出来。当我们谈论儿童相信什么，相信的后面跟着内容，总是这样。

是什么类型的态度？如果儿童相信p（在此处，p代表任意一个命题），她必须认定p是**真的**。

正如我们所知，人可能会有错误的信念。儿童信以为真的事情——圣诞老人会在圣诞节的时候来——可能是错误的。这点会促使教育上产生重要的东西。相信是一种**意向**现象（an intentional phenomenon）。就好像害怕、倾听、想要都指向某个对象一样，相信也是如此。如果一名儿童相信**女孩比男孩笨**，这个主张就是他的信念的意向对象（the intentional object）。他所相信的东西被导向这个对象。

正如我们在第 1 章中所看到的，意向对象可以存在也可以不存在。我可能害怕魔鬼，我可能认为人们生活在火星上，我可能回忆起从未发生过的事情。在这些例子中，意向对象都是不存在的。相信一个错误的命题的信念与上述情况类似，比如相信女孩比男孩笨。

大部分教育，尤其是早期教育，必须把儿童的心灵引向世界上存在的 58
意向对象，而不是不存在的意向对象。（关于儿童想象力的发展已有一个重要的标准，参见第 7 章。）就信念而言，教育的任务是帮助儿童形成正确的信念，而不是错误的信念。一会儿我还会讲到这点。

与此同时，我们要对第 1 章的观点进行深入探讨。第 1 章论证道，如果一个人的意识或者心灵的状态被导向一个（意向）对象，那么这个人必定以某种方式使这个对象概念化。当我思考某事，我一定是在想**我的母亲、脚和口腔疾病的传播**等诸如此类的事情。如果我没有这些概念，我就不会有这些想法。信念也是如此。3 个月大的婴儿没法相信**圣诞老人会给她带礼物**，因为她没有带、礼物、自我的概念。我们的信念，无论是真实的还是错误的，都受制于我们已经掌握的概念网络的复杂性。

最后一个例子可能会让人惊讶，即能否说一个小婴儿相信某事。对于动物，也有相似的问题。猫、狗、鸽子能够拥有信念吗？

我们在第 2 章中已对概念有过大量的讨论，这里还要讨论它。动物和幼小的婴儿能否相信某事取决于动物和婴儿是否拥有概念。如果概念必须是用语言表达出来的东西，那么，毫无疑问，一些信念就被排除在外了。但是，如果允许把伴随着符号认知的概念化活动纳入进来，那么，这就从原则上为动物和婴儿所拥有的那类信念留有余地。

若果真如此，那就没有什么能够阻止我们说，经历过某物与某物相继出现这种情况的婴儿能够相信乳房的出现会导向食物，或者微笑伴随着安慰和愉悦。通常来说，人们不能真正地把婴儿所相信的内容用这些词语或者任何词语表达出来（如果这里用到的“词语”这个词暗示着婴儿理解这些词语的含义的话）。婴儿显然不能理解词语的含义。这就是为什么许多哲学家都对在这类情形中婴儿是否有信念很谨慎。

此外，在儿童生命的头几个星期或者头几个月，如果所有类型的联结都已在儿童的心灵中建立起来，那么，即使我们不能轻易地把联结的内容诉诸字词，否认这些联结是某种信念似乎还是很奇怪。那类与语言相关的毫无争议的信念不是突然出现在人的心灵之中的，它不是从无中诞生的。它一定根植于更加基础的态度，这种更加基础的态度是我们在前语言阶段就拥有的。也许，我们与其他动物都拥有这种态度。

59 但是，我要暂时搁置这种争论并把信念限定为能够用语言加以表达的东西。

信念之网的扩展

信念教育是多方面的。儿童需要掌握有关自然、社会以及儿童在其中所处的位置的信念体系。这赋予父母和教师两项主要的责任。他们必须引导儿童拓展新的概念，使更加复杂的信念之网能够形成；他们必须为儿童导航，使之远离错误的信念，朝向正确的信念。

下面谈概念。我在谈论概念时将涵盖几个领域。要说明这些领域应该是什么，就意味着对教育目的提出伦理学上的和充满争议的话题。但是，我想每个人都会同意儿童需要知道日常生活中的一些概念：关于周围事物及其属性的概念，关于时间、空间、数字、自身、他人的概念，关于伦理和道德问题的概念。假设儿童要形成一些信念，例如，**如果你想成为我的朋友，那么你就不要再欺负我**，或者，**它要么是高尔夫，要么是马球**，那么儿童需要掌握逻辑这个概念，诸如，如果……那么……，要么……要么……。当儿童进入学校学科的“丛林”，他们就会学习这些领域中特殊的概念。随着儿童所学习的概念越来越多，他们能拥有越来越大的信念之网。

但是，这些信念必须是正确的，这点很重要。如果儿童相信妖怪潜伏在黑暗中或者外国人是劣等人，他们就必须被纠正。

一般来说这完全是正确的，但是杰西卡的例子我认为是有条件的。无论她刚开始所拥有的信念——她们全家可能被核爆炸摧毁——是否是正确的（有可能如此），后来取代这个信念的信念——拥有魔力的粉末会使她的家人安全——绝对是错误的。因此，有可能存在这种情形：为了实现良好的教育意义，用错误的信念取代正确的信念。

但是这只是暂时的。杰西卡的父母大概不想让她**永远**相信拥有魔力的粉末的故事。在某一刻，正确的信念就会驱走错误的信念。

所有这些都引向这样的想法，即，我们不想让儿童**只是**相信一些事物。我们想让他们**知道**（know）这些事物。

如果我知道黛德丽（M. Dietrich ）是德国人，我不仅相信她是德国 60
人，而且这个信念也是正确的。我不知道人类能住在火星上，无论我多相信这点，这个信念也是错误的。

教育与掌握知识有很大关系。一些人认为这是最重要的，甚至以此界定什么是教育，我们不需要附和它。或许我们想说，教育的目的应该是培养好的公民。但是无论我们所写的目的是什么，我们都极有可能把知识放在重要的位置。如果年轻一代不具备有关他们所身处的社会及其政治机构、除此之外的许多事物的知识或者理解，他们就不能成为好的公民。

在下一节中我会更加全面地审视知识的掌握这件事。到时候，我们会审视一个或两个关于信念的更加深入的观点。

第一，信念具有强度的差异。我可能对伴侣最近晚回家的理由半信半疑。整体上，我信任她，但是仍旧有一丝丝疑惑。或者天黑时，我想我在花园中看到的是一只猫，但是我不能确定。然而，我对我持有的大多数信念具有更大的信心。我的大多数信念——人会死、2+2=4——很难被什么所撼动。

第二，不同信念间不是彼此独立的。在概念框架的层次上，我们已经看到了这点。如果一名儿童相信她的宠物宙斯是只猫，她也会相信宙斯是只动物、是一个生物。信念之间存在逻辑关系，但是信念间也存在其他关系。儿童相信宙斯老了，相信它聋了。两种信念是联系在一起的，虽然其中一个信念不能从另外一个信念中推演出来。更加一般地说，儿童对宙斯的信念把她对家庭、祖国、她的人际关系世界、自然世界的信念关联起来。对于我们每一个人来说，我们的信念全是主观的，即它们是**我们**所相信的东西。如前所述，我们自己的信念之网是张地图，我们据此航行。在另外一层意义上，这并不意味着我们的信念不是客观的。我们大多数的信念是正确的，具有充分的依据。我们个人的信念之网与其他人的信念之网重叠，因为我们相信是或者可能是的东西在某种程度上一定是与别人共享的。

知道

我们不想让儿童**仅仅**相信些什么，我们也想让他们掌握知识。正如我们所看到的，后者超越了信念，因为如果我相信 p，p 可能是错误的，但是如果我知道 p，p 就必须是正确的。

61 但是，情况不止于此。一个人可能出于偶然而具有正确的信念。一名儿童可能在头脑中有这样的画面：放学回家后，她将被告知宙斯病得很厉害。这确实发生了：她的预感变成了现实。虽然她相信别人将要告诉她的东西，但是我们能说她**知道**这点吗？

我们所掌握的知识超越了真实的信念 p。大多数情况下，对于 p，我们也需要某种**充分的依据**。儿童对宙斯的担心是没有依据的，无论她对即将到来的不幸的直觉或者情感有多么强烈。她缺少证据去支持她的信念。

在养育儿童的过程中，良好的理性和它们所提供的理由扮演着重要的角色。按照信念的类别，它们有所不同。经验型的信念——宙斯病了，布什（G. W. Bush）是美国的总统——要求第一手的能够感知到的证据，或者要求可以信赖的证明。数学方面的信念，譬如 245+389=634 需要从其他命题中推演出来。伦理方面的信念（偷东西是不对的）或者美学方面的信念（她跳舞很优美）的依据是什么呢？

儿童教育的一部分内容在于学习与熟知不同种类的理性（它们支持不同类型的知识主张）。这产生了进一步的问题：这种类型的学习之于儿童所要学习的其他事物的重要性如何？它又会引出更宏大的问题——教育的目的应该是什么，这个话题超出了本书的范围。

问题在于，我们对理性进行分类时要细化到何种程度呢？这是个问题。理性的分类与学校课程（被分为不同的学科）之间的对应关系也存在问题。这些也超出了这本书的范围。

理解

英国国家课程设定学生要达到的目标是“知识、技能与理解”，学生被期望在不同的学科课程中达到这些目标。我们稍后会谈到技能。什么是理解？它与知识如何相关？

我们不能寄希望于给出定义。部分原因是我们在不同的语境中使用这个术语。如果我对某人说“今天很暖和”，其会理解**我说的这些词的意思**。对于正在学习母语的幼儿来说，理解词的含义就是一项主要成就。稍后，当他们学习法语或者德语时，理解就是指掌握外语单词和其在句子中的含义。 62

理解词语的意义常常等同于理解词语所表达的概念。我在第 2 章中讨论过这种理解。凡是词语是一个名字的时候，比如北京或者撒切尔（M.H. Thatcher），对其的理解不同于对概念的理解。这是因为我们面对的是**特定的**事物，而不是普遍的事物，如灯或者块状结构。

有一种类型的理解与理解词语的意义很不一样，即科学教师、历史教师或者数学教师希望他们的学生达成的理解。这关乎对各自所在领域更为完整、深入的意识。

在科学和数学中，这在一定程度上意味着教师熟知有助于解释或者判断其他现象的基本**原理**（定律、理论）。

历史则不同。为了理解一个特别的事件——1940 年敦刻尔克撤退——我们必须能够把这个事件放到故事中，使它能够被人理解。历史学科的理解不涉及原理的掌握（从这些原理中能够推出低一级的结论），而是涉及事件（包括人类的决定）是如何通过叙述被联系在一起的。

理解诸多部分如何构成整体就会涉及对人的理解。这样，我们才能够在更大的画卷中解释他们所说的事件，这幅画卷必定包括对人们相关生活的描述。对艺术作品的理解也是如此。一定程度上可以说，它就是指理解艺术作品不同部分之间、部分与整体之间的联系（虽然其叙述框架常借助小说、戏剧，有时候是诗歌的形式，通常不是音乐、雕塑或者抽象画的形式）。

在所有这些情形中，我们在一些场合能够互用“理解”与“知识”。很好地掌握了物理学知识或者地理学知识就是有很好的理解力。想要知道一个人——就像你知道你的手背一样，就是要真正地、彻底地理解他。知道贝多芬的《英雄交响曲》——深层次地知道而不是肤浅地知道——一定程度上说就是掌握整体是如何在各个部分上建立起来的。

在此，尚且存疑的知识类型是关于**某物的**知识（knowledge of something）：一个专业科目、一个人、一件艺术品。它应该与上面所讨论
63 过的知识类型区别开来，如，知道黛德丽是德国人或者 2+2=4。知道**命题** p 与知道**某物**或者知道**某人**是不一样的。其中一个不同之处就是后者要求

个体了解知识的对象。没有遇见过他或者在电视上看过布莱尔，我是不能说自己认识他的。然而，虽然我没见过他，我也能知道他的许多事情——他住在伦敦，多大年纪时有了四个孩子。

技能

技能也是一种知识，同样，它与知道**某物**是什么的那类知识不同。拥有一种技能就是知道**如何做某事**——联合写作、阅读、游泳、发送电子邮件、解答数学问题。一名儿童虽然知道关于游泳的许多事实，但是，他不知道如何游泳，除非他真的能游泳。

回到信念

我简短地勾勒了知道 p、理解、认识人和物、技能，我谈论的东西似乎离信念很远了。但是，信念仍旧是所有这些事情的中心。这是因为相信 p 是知道 p 这件事的一个组成部分，知道 p 是其他事情的一个组成部分。

如果一名学生知道地理，她显然必须知道所有种类的地理事实。但是如果她知道非事实性的科目中的知识，如音乐，她就必须知道音乐作品是有结构的，交响乐不同于管弦乐或者爵士乐。如果我与布莱尔非常熟，我就知道他很多事情——他已为人父，他喜欢吃扇贝（或者其他什么事情）。

与此类似，如果一名儿童没有相关事实方面的知识：这是绳子，你首先要抓住它，等等，他就不知道如何顺着绳子爬。

因此，在我们所渴求的这些教育形式中——知道一个主题、知道如何做某事，关于内容的知识（knowledge that）是一个基本要素。如我们所知，如果相信 p 是知道 p 的一个组成部分，那么信念同样嵌于其他事物之中。

我回到信念之网及它们对儿童生活的意义等话题。它们是儿童了解世界的关键，也是儿童身体能力、心理能力的关键。我们在后面会看到，在儿童的情感生活与想象力中，它们也占据核心地位。儿童在他们的思维和外显的行为中利用它们。稍后我们会多谈一些。

64 我们常常认为，在我们这个社会中，儿童需要学会不盲目接受别人教给他们的所有信念，而要适当地检验它们。这不是人类自然就有的。从生理上说，我们的头脑已演化出我们所需要的地图以指导我们，这就好像其他动物需要与生俱来的原初的信念一样。实际上，相信是我们心灵的默认状态，尤其是儿童。然而，信念会误导人。儿童需要被教导如何评价信念以及当信念不对或者毫无依据时要如何拒绝这些信念。知识地图比单纯的信念地图更加可靠。

所有这些呈现了人类生活和人类社会的某种画面，即儿童逐渐长大，能够自己思考问题，而不是相信一切。这符合更加人文的、理想的生活，即在人人平等自律的社会中，每个人开创自己的在世生活。

但是，并不是所有的教育体系都依附于这些价值观。不是只有极度传统的社会才引导年轻一代接受未经批判的思考方式。列宁在辛比尔斯克文法学校接受了早期教育，他所接受的早期教育旨在向学生灌输对沙皇政权忠诚的观念，但是这种教育在列宁身上却失败了。20 世纪早期，英国的初级学校强化学生这个观点，即他们命中注定是体力劳动者。

以放弃知识和批判为代价，还有更加温和的方式让教育颂扬信念吗？对于一些具有宗教信仰的父母来说，**信仰**是核心价值，也许对于一些具有宗教信仰的教师来说也是如此。对上帝的信仰或者对真主安拉的信仰产生了各种各样的信念，如，相信上帝是好的，上帝会听你的祷告，上帝是仁慈的。但是信仰上帝远不止相信**这些**。相信上帝即信任上帝，让他来指导你的生活。

我提到相信上帝或者相信安拉，这种相信与信任相关，即信任上帝或者安拉会指导你的一生。**信仰什么**不总是一个清楚明白的宗教概念。杰西卡的妈妈告诉杰西卡拥有魔力的粉末会保护全家人，她相信她的妈妈。我上中学的最后那几年，相信我的老师们。我信任他们，他们最了解什么样的大学适合我。他们不会错到哪里去。在哪一点上或者在什么场合下应该相信他人，从而放弃怀疑或者不信任？

让我们再次回到宗教。我们是否试图使儿童坚定的信念成为超越传统时代的最后一个可被抛弃的“遗产”？灌输尝试着把信念固定或者强化在 65
学习者的心灵中，以至于他们根本不用反思它们。是这类宗教孕育出灌输这种做法的吗？如果灌输阻碍了自由思考的发展，那么它合法吗？或者，信念灌输是应对时代中分崩离析的倾向的一种方式吗？

问题越来越多。问题来自对儿童心灵本质的核心关注，但是这些问题走向了其他方向。我需要谈谈记忆。

记忆达人

许多年前，有一位艺人名叫威尔士（L. Welch），他是著名的记忆达人。观众席里有人（假设他们不是被事先安插进去的）会问他“1922 年 6 月 18 日那天，谁在卡特里特（Catterick）得了 2.3 分，位居第二？”或者“1897 年谁是布莱克本流浪者队右侧边锋？”，他的回答总是正确的。

这是一种天赋，还是他的老师通过某种方式培养出来的能力？我不知道。当然，在 19 世纪晚期和 20 世纪的一些地方，教育的其中一个目的是加强人的记忆力这个理念很流行。在英国的初级学校，教育实践大量针对诗句、历史、地理以及其他学科中事实的学习，这被视为心灵“肌肉”生长之本。

我们应该把这种方式的记忆看成是在对官能进行特殊的训练吗？记忆到底是什么？

假设威尔士记得无畏战舰舰长某天在卡特里特赢了 2.3 分。假设他回答正确，也没有记错。记住 p——**真的**记住了 p——要求 p 是对的。

如果这个命题与本章之前得出的观点有些类似，那么就应该如此。要记住无畏战舰舰长赢得了比赛，或者记住基多是厄瓜多尔的首都，就是要**知道**这些事情。知道这些事情正是由于人们过去就知道它们。

就好像存在有关**如何**做的知识一样，也存在有关**东西**（that）的知识，因此，也存在**记得如何**做。我能记住如何使用电动牙刷（没有电动牙刷，我现在就不会吗？），因为几年前我就知道如何使用它，并且没有忘记这一点。

我们也记得其他事情——黛德丽的嗓音、海岸的阳光。我们知道这些
66 事情，因为我们过去就熟悉它们。此处所涉及的知识类型正是我在前文所
谈的某物**的**知识。

我们记得这些不同种类的事情——事实、如何做事、经验——即使它们现在不在我们的心灵中。既然记得意味着知道，并且知道涉及相信，那么这并不令人感到惊奇。甚至当我睡觉时，我都记得我姑姑曾经住在雷恩斯公园，养了一只乌龟当宠物。当我睡觉时，我也知道并且相信这些事情。

我们一直说记得是一种持存的心灵现象。但是它也在主体回想或者追忆往事时以即时的形式出现。我能够回忆起（就是现在）埃特纳火山温暖的熔岩下的冰块。我能够突然记起某个人的名字，这个名字整个早晨都挂在我的嘴边。

记忆在儿童教育中扮演什么角色？它应该扮演什么角色？我们不想让我们所教的东西儿童一只耳朵进另一只耳朵出。我们想让我们所教的东西留下。因此，教育中必须包含记忆，不管是有关事实的记忆还是有关技能的记忆。唯一的问题是，我们是否需要使儿童记住的事物变成独立的、客观的且高于对知识的掌握。

一位艺术教师教一名学生如何做陶坯。几节课后，这名学生就掌握了一定的技巧，能做陶坯了。最后一节课结束后，如果这名学生立刻就忘了

如何做陶坯，没有人会感到高兴。教师想让儿童至少在未来的一段时间里记得如何做陶坯。

在其他领域也是如此。当儿童学到离子是带电的原子或原子团，或者英国的人口在 19 世纪大量增加，我们期望儿童至少在一段时间里记住这些知识。我们期望儿童在较短时间内记住他们在一堂课中所学到的东西，直到它们在下一堂课中被强化或者被构建。

所有这些表明，一旦我们具有知识的目标，记忆的目标就是不必要的了。当然，换种方式，人们可能会说，正是由于知识被刻意保留，因此让儿童记住他们所学习的东西是关键目标。

无论是哪种方式，我们都不再认为可以用特殊的课程训练记忆——就好像记忆是某种心灵的器官，只有人死记硬背一些名字和得到事实的滋补，它才能变得更加强壮。我记得 20 世纪 80 年代早期，一名小学教师给他班上 10 岁的孩子们一周布置一次“列信息清单”作为家庭作业。这份“信息清单”包括任何一页课文，从《邦妮和克莱德》（Bonnie and Clyde）的故事到对冰岛火山爆发的详细介绍。返校后，这位教师会朗读课文中的 67
一句话，让孩子把缺的词填进去。这的确好像是纯粹在练习学生的短期记忆力和回忆信息的能力，知识的内涵在这里并不重要。我尚不清楚这位教师为什么要这么做。

我刚才说，教师想让学生**至少在未来的一段时间内**保留他们所获得的知识。具体是多久呢？一辈子吗？还是直到他们参加毕业考试？

这点再一次把我们带回到教育的目的，尤其是学校教育的目的上。有些东西将伴随我们一生。最明显的，知道如何阅读与书写，还有友善、体贴、宽容，毫无疑问，还有历史、艺术、科学等其他领域的东西。

另一些东西则可以放弃。并不是所有学钢琴的儿童都被期望直到 90 岁时还在弹钢琴。这取决于儿童在某个时刻选择是否保持或者放弃这项活动。这里记忆力的目标服从于自主的目标。

在其他时间里，儿童被推着走向测验和考试的“独木桥”。学生在一生中是否使用数学或者他们是否自己决定要不要继续学习数学，几乎都不会像学生是否完全记得如何解二次方程以便能通过将来的考试那样使一些教师心神不定。严格地说，目标不是学生在至少接下来的五个月里会继续知道如何解二次方程这样简单。学生也必须在特定的时间里能**回忆**起这个知识。心灵的即时现象与持存现象共同构成了一部分目标。

记忆的所有观点及其价值也涉及伦理上的问题。由于它们不是这本书的重点，因此我把它留在这里——除了这些问题**的确**需要回答外。父母、教师、学生和政策制定者想当然地认为测验和考试是教育系统非常重要的特征。对记忆在教育中的地位的简短思考会帮助他们更加清楚地看到这种信念让他们做了什么。记得某项内容的时长应该是多久？

小结与要点

儿童学习的核心是他们掌握关于自己与世界的纵横交织的信念之网。
68 这依赖于对概念的理解的扩展与加深。正如意向现象一样，相信的对象可以是错误的命题，同样也可以是正确的命题。

儿童早期教育的一部分内容就是帮助儿童分辨对与错，因而，儿童能够获得的不仅是信念，还有知识。儿童对知识的掌握与其对不同领域的理解依赖于他们对不同辩论模式（这些辩论模式被用来支持知识主张）的把握情况。信念在命题学习和技能学习中都是基本要素。

记忆是一种涵盖了技能知识，同样也涵盖了事实与事件的记忆的知识形式。记忆训练在过去一直是重要的教育目标，但是，假定知识与记忆之间有联系，我们对记忆力的培育需要成为单独的教育任务还存疑。这与如何看待学校中的测验和考试的用途这种态度有关。请参见第 10 章中对记忆在儿童理解自我的过程中所发挥的作用的深入讨论。

拓展阅读

对信念、知识、记忆的简短讨论，参见丹西（J. Dancy）和索萨（E. Sosa）1992 年主编的《认识论指南》（*A Companion to Epistemology*）这本书，该书 1992 年由布莱克韦尔出版。这本书按照字母顺序讨论了这三个主题。关于信念与记忆这两个主题，也参见格滕普兰主编的《心灵哲学手册》一书；关于动物的信念与前语言阶段婴幼儿的信念，参见麦金太尔的《依赖性的理性动物》一书第四章的分析。斯克鲁顿（R. Scruton）在《现代哲学》（*Modern Philosophy*）一书的第二十二章对知识这个概念进行了比较全面的研究，该书 1994 年由辛克莱 – 史蒂文森（Sinclair-Stevenson）出版。澳迪（R. Audi）在《认识论》（*Epistemology*）一书中对这些主题进行了讨论，该书 1998 年由劳特里奇出版。关于这个主题的讨论，参见沃诺克（M.Warnock）的《记忆》（*Memory*）一书［菲伯与菲伯（Faber and Faber）1987 年版］和温奇的《人类学习的哲学》一书的第十章。

至于对教育进行的更加宽泛的经典论述——教育作为从信念转变为愈加具体的知识这个过程——可在柏拉图的《理想国》的第六、七章见到。柏拉图在《美诺篇》（*Meno*）中谈及他自己对学习的认识——学习是回忆先天的观念。把柏拉图的观点直接应用到今天的学校教育与养育中存在困难，因为它们大量地依赖于形而上学的立场，这个立场既复杂又矛盾。近期关于教育的哲学著作主要聚焦于知识，而不是信念或者记忆。赫斯特（P. H. Hirst）的《知识和课程》（*Knowledge and the Curriculum*）是一本非常著名的教育哲学著作，它考察了在不同的知识领域中几种真理观对课程的意义，该书 1974 年由劳特里奇和开根 · 保罗出版社出版。在《教育和美好生活》（*Education and the Good Life*）一书的第七章中，我在更宽泛的目标背景下讨论了教育中知识目标的地位问题，该书 1990 年由科 69

乾（Kogan Page）出版。近些年来认识论方面的教育哲学著作有卡尔（D. Carr）所编的《教育、知识和真理》（*Education, Knowledge and Truth*）一书，该书 1998 年由劳特里奇出版。

第 4 章　心灵能发展吗？ 70

从小橡子说起

关于儿童的心灵有个隐喻。有一种传统的观点认为心灵是某种永恒的持久的实体，它属于个人，不可观察、不可捉摸，其内涵只有拥有者才知道。我们这个宗教氛围不太浓厚的时代常常喜欢某种更加科学的东西。在这种观点看来，心灵不是精神上的物质，而是生理上的物质。它们是种子。

心灵就像橡子，其成长或发展为更加复杂的成熟的形式。为了研究儿童心灵成长的规律与过程，一个完整的教育理论的分支——儿童发展理论成型。一些著名的教育理论家都拥护发展主义者的观点：18 世纪的卢梭、19 世纪的裴斯泰洛齐和福禄倍尔、20 世纪的皮亚杰、我们这个时代的加德纳。

只是在最近几年我们才开始谈论学校的宗旨。但是，在这些字词的背后，存在着基本的观念。在 20 世纪的大部分时间里，许多教师的主要目的是使学生的潜能发展到极致。

发展是大家熟知的生物学上的概念。人类的身体从胚芽开始，经历各个阶段后发展为成熟的身体。成熟的夜来香是从一粒种子发展而来的。同理，按照发展主义者的观点，儿童的心灵要经历各个阶段的成长。

很多人从这种观点中得出的结论是：儿童的教育在很大程度上能够顺其自然。对于他们来说，教师给学生施加外部目标这种观点是可憎的。儿童的发展是由内而外的。教师就像园丁，照顾种子，看护它们长成参天大
树。儿童需要教师，只是由于种子需要园丁。教师的职责是提供适合的条 71

件——就好比土壤、水和阳光——让学习能够发生。因此，就有了“幼儿园”（kindergarten）或者说是“儿童的花园”的概念。

这里的假设是儿童心灵的发展如同身体的发展。但是，果真如此吗？

什么是发展？在英语中，这个词具有及物动词和不及物动词两种用法。教师可以试着发展学生对学习的热爱或者非种族主义的态度。这是及物动词。发展主义者的发展概念是个不及物动词。儿童发展，就这样戛然而止——就好像鸡蛋被孵化为小鸡，球茎长为水仙花。

作为及物动词的发展很少引起教学上的不满，除了那些认为教师灌输外在的内容是可憎的人。但是，作为不及物动词的发展却完全不同。

它是生物学上的概念，与有机体的**展开**（unfolding）有关。它引出两个深层次的概念：**种子**或者**初始状态**，有机体的展开正是从这里开始的；另一个概念是**成熟状态**，有机体的展开过程正是向其行进。

就植物和动物的身体成长而言，这三种要素是毫无疑问的。我们有小橡子，然后我们就有参天的橡树，橡子在各个阶段展开，进而成为橡树。精子与卵子结合，然后有了生命。

一个大的问题是，这些特征是否也在心灵的世界中被发现？当然，如果心灵是纯粹的物质，并且除了物质特征以外没有其他特征，那么事情就简单得多。随着身体的发展，大脑也在发展。因此，如果心灵是大脑，那么心灵就能发展。（物质主义者对心灵的更多叙述参见附录。）

但是，让我们假设心灵现象不等于物质现象（关于这一点也请参见附录），那么我们在何种意义上谈论心灵的发展？我们能够确定三个核心要素吗？有对应于种子的初始状态吗？有成熟状态吗？从开始到第二个阶段的过程中有展开吗？

心灵的种子

首先，我们来看初始状态。什么可以算作心灵的种子？先天的概念（参见第 2 章）能胜任这个角色吗？所有的迹象并不让人乐观，部分原因是，我们对于先天概念是否存在或者是否真正能够存在尚且存疑。但是，即使先天概念存在，它们应该是何种**类型**的事物才能符合要求？它们足够像种子吗？ 72

麻烦必定与**展开**有关。概念是能够展开成更加复杂的形式的各类事物吗？这点很难说通。我们所能得到的最说得通的观点是，概念能够**变化**。16 岁的青少年与 2 岁的孩童具有极为不同的鸟的概念。对于鸟在动物王国中的地位，16 岁的青少年具有更加明确的观点，或许他的观点受到了进化论的影响。毫无疑问，他所拥有的鸟的概念更加复杂。但是，这不足以说明他所拥有的鸟的概念已经**展开**。一座房子始于地基，数月之后，其结构更加复杂，但是这里不存在前者展开为后者。

心灵没有边界?

对于初始状态的确认存在诸多问题。对于过程的终点——成熟状态——又会如何呢？我们很容易通过认识物质，如成熟的蜀葵花或者发育成熟的人的身体——来掌握这个概念。我们在心灵这个领域能理解这个概念吗？它能使我们认定心灵是种实体吗？

还有其他问题。发育成熟的人的身体不会再长了，它已经达到了发展的极限。橡树和飞燕草也是如此。与它们一样，人类的身体当然能够继续**变化**，但是变化关乎的是体格的养护和之后的衰老，变化与进一步的成长无关。如果我们把这些观点用于心灵，我们是想说，所有人类都有心灵的

“天花板”，它们不能被逾越吗？

字面上讲，在教育是关乎学生潜能最大可能的发展的常见观点中，的确好像有这个观念的影子。但是心灵“天花板”的观点与许多教师以及一些外行所持的谷粒的观点格格不入。一些教师和外行喜欢把心灵生活想象成可以在所有方向上扩展、加深。的确，研究智力的心理学家常常将心灵“天花板”的概念纳入他们的智力概念中，但是他们的观点遭到了尖锐的批评。我在第 5 章中会回到这个问题。

我们能够在不相信最终状态这个观点的情况下坚持心灵能发展的观念
73 吗？以下观点暗示了可以有这样的主张：使得心灵的发展有别于身体的地方就在于它没有“天花板”，至少在大脑健全的个人那里是如此，因此心灵的发展轨迹在潜能这个层面是无限的。心灵的发展没有边界。

这个主张的根据是什么？我们所知道的其他生物学领域发展的例子都是有限度的。如果证据来自我们自己和他人的经历（这是极有可能的），那么为什么要跳跃到用发展来解释？其他解释也是可能的，例如文化上的解释，而非生物学上的解释。征服新的高度和新的领域的冲劲是我们不陷入文化泥潭的部分原因。对于发展主义者来说，我们心灵视域的开放度不足为信。

无论如何，仍旧有某种成熟的概念来构建这个主张。从内部开始的无限的心灵展开过程仍是有**一定的方向**的——远离尚不发达的方向，朝向发达的方向。

无论我们用哪一种方式接受发展主义，我们仍旧面对这个问题：什么**算是**心灵的成熟？通过运用我们的感官，我们知道橡树和人的身体何时成熟。我们能够看出一个人身体发育成熟，或者一棵橡树完全长好。在心灵领域，有与此对应的东西吗？我们如何知道人的心灵达到了“天花板”，或者从没有“天花板”限制的角度说，他们的心灵比之前更加成熟？

我们不能只是运用我们的感官。我们不能**看到**一个人智力的成熟，就好像我们能够看到他身体完全发育成熟一样。那么，我们**到底**该如何判断？

在日常生活中，我们对人的智力的成熟或者他们达到的程度，比如他们对德性的理解程度，做出各种各样的判断。值得注意的是，这些判断容易产生争论。有些人会通过珠玑妙算游戏观察人的智力的成熟程度，因为玩这款游戏的人能够整理和记住成堆的事实；其他一些人可能会强调理解的深度；还有一些人强调对不同领域之间的联系有大纲式的把握；等等。

在更加具体的领域，比如道德理解，什么算得上是比较成熟的，同样引起争论。对于英国的某些前任教育大臣来说，他们用这些来判断一个人是否比较成熟，即其是否服从某些绝对的规则——从不撒谎、偷窃、失信于人等。其他人可能比较偏重“体察他人的需要”这条标准，而另外一些人则意识到多元化的道德价值之间需要平衡。

对心灵成熟的日常判断不像我们观察完全长好的松树或者毛鼻袋熊 74
那样能达成一致的认识，这是因为我们处在价值判断领域，而非处在可观察的事实领域。判断者运用他们的智力和道德价值观来得出各自的结论。他们的结论各不相同，因为有不同的权衡，进而这些领域中就有了多重标准。

多余的成长

不管我们是看向发展过程的开端还是终点，是望向种子还是望向完全开放的花朵，我们会发现将心灵的发展等同于身体的成长时有个不可逾越的问题。关于宿命论与先天决定论，也存在需要进一步讨论的问题。当给予植物和动物适当的环境时，其身体会不由自主地向特定的、预先规定好的终点发展（这个终点常常已被严格地规定好）。像这样的发展在多大程度上与心灵方面的发展相匹配？它与关于自由意志的直觉相冲突，尤其是与个体能够自主地决定自己所要追随的智力方向这种信念相冲突。

我会把这些比较宏大的问题放在一边。除它们之外，发展主义者的计划已疑问重重。

这并不是意味着只要不用生物学的方式来解释儿童心灵的成长，我们就应该停止谈论儿童心灵的成长。一个受过良好教育的16岁青少年的心理能量和表现与一名6岁儿童极为不同。年龄大一点的儿童具有更加复杂的概念体系，对许多事物的理解更加深刻，对于人类和物质世界具有更多的事实性知识和更为细腻的情感。如果我们赞同这种说法，我们就能说其具有更加发达的心灵，或者其心灵能力已经令人欣喜地发展起来了。但是，这种说法并非毫无疑问地指向发展主义。它与被父母和教师仔细塑造的信念兼容。

非常年幼的儿童有时候被描述成令人费解的存在和心灵运作与我们极为不同的生物。探明年幼儿童所做出的各种奇奇怪怪的判断的过程有时候就好像人类学研究某个原始部落的思维模式的过程。这种看待儿童心灵的视角来自发展主义。

我最近看了一个关于儿童的世界的电视节目，这种视角渲染了这个节
75 目。这个节目要求3—5岁的儿童把桌子上的物品按照是不是有生命的分为两堆。年龄比较小的儿童把机器狗、娃娃和笼子里的活猫放在一起。一名5岁的儿童把盆栽放在无生命的物体那一边。据称，直到儿童长大一些，他们心灵中的生命的概念才会排除有生命的事物的表征，进而将植物和动物纳入进来。

儿童的世界不是像这个节目所暗示的那么异样。儿童心灵中的生命的概念或者时间的概念不是从完全陌生的概念缓慢地发展为我们成人所具有的概念。这真的不奇怪，尤阮（Euran）与其他男孩和女孩一样做决定。如果孩子们都自信地把动物和植物放在一起，排除动物玩具和娃娃，这难道不是很令人震惊吗？我们知道学龄前的儿童并没有来自生物学的科学的生命概念。如果我们记得多半是他人告诉儿童世界是什么样子的，那么儿童的看法对于我们来说就完全是可以理解的了。

这个电视节目主张最年幼的儿童处在不能够区分有生命的东西与无生命的东西的表征这个阶段。这点使得他们的思考好像非常原始。但是，果真如此吗？由于这个电视节目只是简单地让儿童把有生命的事物放在一起，那么，儿童把娃娃和机器狗也放在有生命的事物一边就很容易理解了。我们都知道，如果给儿童更加完整的指令，儿童可能会做出非常不一样的举动，例如："只把真的有生命的东西——不是代表了有生命的东西的玩具——放在桌子的一边。"事实上，如果儿童能够理解这点，他们就会表现出对这两种物体的差别的一些认识，但是电视节目却宣称儿童没有这种认识。

儿童的心灵的核心特征不是一种生物学中的现象，这点已被科学的实验方法或者观察方法极好地研究过。如果我们知道儿童所学到的观念与没有学到的观念——请始终牢记，对概念的理解是有程度之分的——那么，我们就能很好地理解他们的信念、看法、情感等。就我们应遵循的大多数方法论而言，其都涉及查明儿童被父母和他人引入我们共享的概念世界的程度。在此，我们视某些事情为理所当然——4 岁或者 5 岁的儿童为何对活物还没有形成明白无误的、科学的概念。

最后一点。虽然发展主义可能会被逐渐削弱，心灵像植物和动物一
样成长这个主题也是如此，但是，这不意味着心灵绝不是生物学中的一个 76
概念。心灵生活是包括人类在内的一些动物的一个特征。它需要大脑、感觉器官以及运动器官。它具有帮助有机体存活的功能。在进化论的时间表中，它如何在先前的非心灵的世界中存在，这是一个问题，我或者其他任何人都无法回答这个问题。心灵在起源上是生物学的，虽然不是发展主义所宣称的那样。

人类的心灵生活具有生物学上的根源，但是，其被人按照社会的期望所塑造。先前的几章都已经牢固地树立了这个观点。发展主义的弱点在于它的个人主义。它视儿童为微小的有机体。它把教育误解为内部的展开——而不是从外部引入。

尽管与政治、新闻中的陈述充满矛盾，但是，以儿童为中心的教育或者进步的教育在其发展主义的形式上，从未在课堂中成为主角——这个事实有别于今日失效了的教师培训学院的培训课程。这再好不过了，因为它极有可能阻碍儿童学习，而不是为其提供帮助。它越是仔细地、努力地把儿童引入正确的或者适当的方式，即依托概念、相信、感觉、行为的方式，它就越是阻碍儿童发展。

小结与要点

儿童心灵的发展遵循生物学中的发展规律，这个观念来自卢梭、裴斯泰洛齐、福禄倍尔，影响了教育学与心理学中以儿童为中心的观点，也影响了我们这个时代的学者，如皮亚杰、加德纳（参见第 5 章）都是发展主义者。这方面的核心观点建立在这样的假设之上：植物和包括人类在内的动物的身体的生物学意义上的成长也同样适用于人类的心灵，这是真理。

通过探究生物学的发展这个概念的前提假设——初始的现象，如种子，在诸阶段展开直至成熟，这个主张在此受到了检验。就心灵的这一方面来说，确定何谓合适的初始阶段还存在问题。先天的观念（参见第 2 章）似乎不符合要求。我们在确定心灵成熟方面也存在困难。在具体的道德发展领域中，对于道德成熟的确定，也是如此。这些问题主要与成熟的客观性有关，在这个方面，所谓的心灵的成熟并不像橡树的成熟。

77 这个理论也常常被用来说明在儿童心灵的发展进程中存在着“天花板”——正如从身体的角度来看，儿童心灵的发展不能超越一定的高度。在设想儿童理解力的发展的方式上，发展主义的观点与认为学习必定是社会引导的事情这个观点（请见第 2 章中的讨论）相左。

拓展阅读

关于发展主义的教育哲学的开创性研究始于 30 多年前，它批评源自卢梭的《爱弥儿》(*Emile*)、经由 19 世纪的裴斯泰洛齐和福禄倍尔发展起来的传统。这方面的研究可参见迪尔登（R. F. Dearden）所写的《初等教育哲学》(*The Philosophy of Primary Education*）的第三章，该书于 1968 年由劳特里奇和开根·保罗出版社出版。赫斯特与彼得斯合写的《教育的逻辑》(*The Logic of Education*）的第三章讨论过发展这个概念，1975 年第 9 卷的《教育哲学学会论文集》(*The Proceedings of the Philosophy of Education Society*）中，哈姆林的论文《发展的概念》(The Concept of Development）和艾略特（R.K.Elliott）所写的文章也讨论过这个概念。后面这几篇文章都被收录在赫斯特与我主编的《教育哲学：分析传统的主要议题》(*Philosophy of Education: Major Themes in the Analytic Tradition*）的第二卷中。温奇在《人类学习的哲学》的第七章中探讨了与学习有关的发展，也对皮亚杰理论进行了讨论。更加完整的评论，可见哈姆林的《经验与理解力的发展》一书的第四章。达林（J. Darling）的《儿童中心的教育及其评论》(*Child-centered Education and Its Critics*）一书整体上捍卫了以儿童为中心的观念（尤其是该书第 75—82 页的论述），他在这本书中也讨论了"成长"(growth）这个隐喻。此书 1994 年由保罗·查普曼（Paul Chapman）出版。这部分论述也可参考我在《加德纳的多元智能可以叠加吗？》一文第 6—12 页的分析。

78 # 第 5 章　谁需要智力？

引言

相比较而言，智力是心理学家而不是哲学家常常谈论的话题。在哲学著作中，我们能够发现对意识、知觉与感觉、思想、行为、记忆、情感以及想象力的讨论，但是却鲜有对智力（除了“人工智能”这个专题）的讨论。但心理学家（至少许多心理学家）不能避开这个主题。在全世界的公共图书馆和大学图书馆中，每两公斤的心理学教材中就会出现这个主题。

由于心理学做了大量的工作，那么从心理学入手就是合情合理的。我们都会看到对智商充满矛盾的争论，这些争论吸引了 20 世纪绝大部分心理学家的注意。它们在对教育的思考和教育政策的制定中很夺目，主要是成为学校教育甄别儿童、鉴定他们智力水平的一条理论依据。对于许多心理学者来说，智力是能被测量出来的东西，其也能被智力测验揭示。

有种说法，即智力完全是某种先天的东西。伯特（C. Burt）（Wiseman，1967，p.265）把智力界定为“先天的、普遍的认知能力”。他
79 把智力理解为一种运用智力的才能，其与我们的理论推理能力密切相关，这就是为什么智力测验的常规题目由逻辑和语言问题构成。其他心理学家对此发出挑战，他们认为在决定个体智商的过程中，环境的作用大于遗传。

最近还有一些学者主张仅将智力界定为与智商有关的能力的观点太过狭隘：存在着“多元智能”[①]。加德纳于1983年提出了7种智能，并且，按照他自己的估计，到20世纪90年代中期，至少发现了其中的三分之二。公众对迄今为止尚未发现的智能的兴趣日益增长，《情感智力：为什么它比IQ更加重要》（*Emotional Intelligence: Why it Can Matter More Than IQ*）（Goleman，1996）是20世纪90年代晚期最畅销的书之一。同时，对先天智力是通过智商测得的观点的拥护也通过一本畅销书——《钟形曲线：智力与美国生活中的阶级结构》（*The Bell Curve: Intelligence and Class Structure in American Life*）（Herrnstein and Murray, 1994）重现光芒。

对于所有这些不同的观点，长达一个世纪的争论至少让人们相信，智力是关键的心灵范畴。但是这个真理（如果它是个真理）似乎并没有得到哲学家的认可，甚至主要研究领域是心灵哲学的哲学家也不接受它。除了少数几个特例，他们几乎不提到这个词。

人们如何辨别智力是或者不是儿童心灵的核心特征？这个问题的出发点可能在于，我们如何在日常用语中使用智力这个词。这里的问题是，流行上百年的用法已经受到了心理学自身的争论的影响。由于它与高智商相关，伴随着教育淘汰和职业成功，智力已经成为社会上公认的珍贵的特征。说一个人聪明而不是愚笨，不只是在描述他的心灵生活。称赞环绕着他。

哲学家

我们能够从这种看法中跳出来吗？那些不得不对智力概念说点什么的

① 关于“intelligence”这个词的翻译，我要做些说明：在谈到加德纳所提出的理论时，将其翻译为“智能”，其余场合都将其翻译为“智力”。之所以这样翻译，主要是因为加德纳的一个理论已经约定俗成地被翻译为“多元智能理论”。——译者注

哲学家多半不会把它与追求一个目标时所采取的灵活的手段联系在一起。在此观点之下，人类的智力具有许多类型，就好像人类有各式各样的目标。智力在数不尽的方式中被展示出来。一位投手想让击球手出局，他必
80 须变换他的投法。一位在高速公路上开车的人想平安回家，他要根据路况适当地调整速度、变道、发出信号。

这种观念之下的智力并不特别地与逻辑思维（据说可由智商测验测出）有关。我们每天在处理构成我们大部分生活的实际的工作和任务时都在用它。我们想安排一场家庭聚会，就要考虑不同的可能性。我们想要与伙伴分开，就要思考如何才能将痛苦降到最少。作为公民，我们想要一项建造房子的政策，但是担心环境。那么什么是最佳的解决方式？

也许，由于智商对 20 世纪文化的影响，智力已经广泛地与推理技能联系在一起；但是，仅在一些情况下，推理占据着核心地位。要计划一个假期，人们就不得不考虑“瑞士田园般的风光，适合漫步……，但是太贵了。……七月太潮湿了。……谁刚才说到葡萄牙北部？”毫无疑问，在高速公路上开车时，也会有这种模式的思考之链：为什么所有的车速度都变慢了？前面的路况怎么样？是否有事故？不管怎样，我最好也跟着放慢速度。不过，司机在驶向目的地的途中不断变换车速的行为比较典型，比计划一个假期更加即时：司机看到前面那辆车的尾灯亮了，一辆车向她驶来，取消限速的标志，由此，她自动减速、换道、加速。

司机在行驶过程中做一系列事情时都是自动的，但不是打开洗衣机开关后它自动工作的那层含义。司机有心灵，洗衣机没有。司机必须看到正在发生什么事情才能做出反应。她的意识在发挥作用。在这种情况下，她并没有思考某事，而是看到某事进而做出相应的行为。她长期的驾驶经验使得她储备了许多技能，根据情形做出习惯性的反应，这些使其没必要进行推理。

如果你事后问她：“你为什么刚才要减速？”她会回答：“因为我看到前面的车减速了。”换句话说，她能够说出她的行为的原因。如果她不能

给出这样的回答，我们可能真的要怀疑她的智力。但是，尽管她的行为有理由，但是当她在开车时，其并不需要**推理出什么**。她依赖自己已经学到的技能就已足够了。

观察智力

如果我们用这种方式研究智力，那么智力是观察者能够从一个人的行为中看到的某种东西吗？如果我们想评估儿童在某个领域的智力，我们能够完全从外部开始评估它吗？

行为主义哲学家会持肯定意见，如赖尔（G. Ryle）。他举过一个例子，即士兵之间通过比赛射靶来操练智力。他问道“这靠运气还是技能？如果士兵有技能，那么，即使风力变大、射程改变、目标移动，他也能射中或者接近靶心”（Ryle, 1949, p.45）。对于赖尔来说，智力是一种能力或者技能，是一种特殊的表现。你不能单从一个行为中判断个体是否有智力。你必须关注个体在不同情境中表现出来的许多行为。智力是一种持久存在的心灵现象。在赖尔看来，可观察的行为是所有你需要抓住的或者你全都能够抓住的行为——不是在一种情形中如此，而是在许多情形中都如此。

赖尔总的目标是笛卡尔主义的。他反对人类具有优先的特权去接近自己的心灵。在判断我们是否拥有心灵的属性如智力方面，我们并不必然是最佳裁判。那些目睹我们行为的人有更好的立场去说这点。

然而，赖尔意义上的智力是不是某种能够全然从外部被研究的东西尚有疑问。它和科学家对地质构造的研究或者月球构成部分的研究并不一样。

假设一名棋手押注“女王”这个棋子，走了几步极坏的棋。观棋人不可能视其为聪明的下法。但是，加上这个背景——棋手与一名生病的孩子下棋，孩子想要赢棋，那么观棋人的判断就会反过来。这表明，裁决必须要考虑下棋人这个主动者心灵中的东西——他想要实现的目标，并且观棋人要看见主动者针对目标所采取的方式。智力只有在考虑了主观的视角之后才能被理解。仅看其被观察到的行为是不够的（MacIntyre，1960）。

智力与灵活的行为

把智力看作针对目标灵活地采取手段的能力这一看法的一个优势在于，它有助于我们合情合理地把智力归于某些动物。判断扇贝或者红蚁是
82 不是运用智力的生物，我们可能没有把握，但是，对于猫和猴子是不是运用智力的生物，我们则较少犹豫。大家都同意，在它们的行为如何与目标联系在一起这点上，它们缺乏人类——语言使用者——所具有的知识。对于它们所做的行为，它们没有理由。无论是事前还是事后，它们不能想或者说“我正在做某件事或我已经做了某件事，这样才能产生某种结果”（参见第 8 章）。即便如此，人类实践理性的根基存在于我们非人类样式的祖先身上。我们与某些动物共同拥有随着目标改变行为的能力。在第 2 章中我已得出符号认知在这其中的地位，说明了它在非人类行为中的角色，并且确实说明了它在人类一些复杂行为表现中所发挥的作用。（在前面所举的司机在高速公路上放慢速度行驶的例子中，它发挥了作用。）

哲学上鲜有对智力的论述，其倾向于把智力糅进实践理性中，与目的和手段相关。这可能启发我开篇时所提出的问题——为什么哲学家对智力没那么青睐。这可能是因为智力被浓缩为某种东西，传统上人们用另一种话语来讨论它——“思考”“目的与手段”“行动的理由”“把 X 看作符号 Y”？

对智力的论述真的和与目标相关的灵活的行为有关？假设儿童脖子上挂着钥匙，其放学回家想要打开前门。刚开始，他发现自己错拿了车库的钥匙，因此他换另一把钥匙。接着，他无法把这把钥匙插进锁眼里，因为插反了，于是，他把钥匙反过来。所有这些都是他灵活的行为，他根据情况改变自己的行为。但是，看到这些，究竟谁会说：“天哪，多聪明！”这是因为我们通常只把某种超越正常期待的行为叫作“运用智力的”行为，例如，一名儿童运用她的理解力做出了非常快的或者非常复杂

的判断。

对此的异议集中在我们使用“智力的”这个词的情景类型。但是，仍不清楚这种类型的研究对其所涉及的概念提供了多少启示。

再举另外一个例子。当人们手头正在做的事情并没有或者可能不会朝向所做之事的方向时，我们就要谈论人们做这件事情的动机。我们询问一名罪犯的动机，但是不会询问走进小卖部的儿童。事实上，对于人们所做的十分平常的、容易想到的事情，我们从不谈论他们的动机，但这并不意味着他们做这些事情时没有动机（参见第 8 章）。儿童走进小卖部的动机是填饱自己饥饿的肚子。如此明显的动机恰恰解释了为什么我们不需要提及它。在说出“智力”的含义与超出正常的期待有关时，我们必须警惕同样的错误。插钥匙的行为从未被称作“运用智力的”行为。但是，这不意味着，这种行为**没有**运用智力。正是因为它的存在——运用智力去做事——如此明显，才使得它不值一提。运用智力的表现，就像源自动机的行为，在我们的生活中无所不在，很少令我们惊奇，我们不常劳神费力地称它们是什么。 83

这种讨论建立在这种观点之上，即智力是与手段和目的的关联有关的**实践理性**之事宜，但是，必须如此吗？

更开阔的视野

最近有位业余电影爱好者拍了一部关于牛痘疫苗的发明人詹纳（E. Jenner）的影片，詹纳在给他的小外孙女念童谣《你要去哪里，小女孩？》（Where Are You Going, My Pretty Maid?），念到这句“‘我的脸是我的财富，先生’，小女孩说道”时，他把这句话与一个众所周知的事实联系在一起，即，在过去，挤牛奶的女子对天花具有免疫力。这是一件聪明的事情；虽然他能建立这种联系与他比较广泛的兴趣有关，这点本身是毫无疑问的，但是，这里所揭示出来的智力与针对目标所采取的手段无关。詹纳在理论上建立了联系，而不是在实践上。

那么，与实践理性或者理论理性相比，智力是某种更一般的东西吗？它能被界定为技能，在思考的行为中展现自身吗？（参见第 6 章）但是，这种观点也存在问题。思考是一种活动；儿童的许多智力表现——骑自行车、打网球、用钥匙开锁——都不伴随思考活动。

看起来智力必定是某种更一般的东西。在此，我们必须小心。落入如下想法的陷阱是很傻的，即，如果我们努力地研究，必定有某种我们能发现的本质。如果儿童用概念素养做出合适的理论上的或者实践上的手段和目标的判断，尤其是那些非常规的判断，那么我们把儿童或者他们的表现归为"运用了智力"。当我们谈及人类和一些动物是有智慧的生物时，我
84 们的确使用智力这个词（与上文出现的用法一致），但是，在不那么确定的意义上使用这个词，这是说他们具有心灵生活。在这种观点下，运用智力仅仅是具有心灵。

但是，假设有一种动物能够感到疼痛，但是其没有其他的灵性。它会是有智慧的生物吗？有些人倾向于认为它不是。你能够感到自己的腿疼，这与智力无关。感觉是比智力更加活跃的概念。

在第 1 章中，我区分了两种截然不同的心灵现象：感知觉与那些涉及概念的现象。我们似乎把矛头对准如下观点：智力与处理概念的能力有关。

我怀疑我们走进了死胡同。"智力"这个术语与其在非专业情境中的用法一样，很有弹性。它最宽泛的用法可以等同于灵性，或者等同于心灵生活中超越感知觉、进入概念使用的部分。它比较狭隘的用法与理论层面，尤其是实践层面的概念使用活动有关，在后一类活动中，它和手段与目的有关。比较狭隘的用法仍停留在术语的运用上，只挑拣出在某些方面超出常规的表现，如速度、深度、宽度等。

所有这些都表明了哲学家对智力明显缺乏兴趣。心灵领域没有哲学家想要探索的新大陆。如果智力是心灵，那么，从古希腊以来，哲学家就会对此感兴趣。如果概念化的能力是心灵，亦然。如果手段－目的理性是心灵，亦然。

智力的三种水平

智力的三分法源自亚里士多德，在此刻，它非常有用。

曲别针

（i）有些东西根本没有智力：曲别针、卵石、面包。我们还可以在这个名单中加入雏菊、红杉，也许还可以加入马蜂、蛤，但是不能继续把诸如兔子、羚羊这样的动物加进去，因为它们有某种智力——其表现方式是灵活的行为——是不可否认的事实。让我们远离生物学的世界，把注意力集中在纯粹无智力的曲别针和岩石上。

当我们说曲别针没有智力时，我们当然不是说曲别针不开窍或者愚笨或者不运用智力。我们在比较不同类别的物体。

曲别针和岩石不是不运用智力的物体，它们是非智力物体。它们不具 85
有必要的手段来使用概念或者展示灵活的导向目标的行为。它们从本质上不能这么做，不是这块料。

随着人类和某些动物的生长，人类与某些动物天生——几乎总是——就有习得概念或灵活行动的能力。人类和某些动物是运用智力的生物，档案柜和香肠却不是。说人类是运用智力的生物，就是在说他们本质上——基因上——具备以下能力或者才能：说话、打曲棍球、开车、做假期计划、做代数题以及无数其他的事情。

不开车的人

（ii）学习开车的年轻人会掌握一种智力形式，这是不开车的人所没有的。她能够根据路况适当地改变自己的行为。在（i）中，开车的人和不开车的人都是运用智力的生物，这体现在他们都天生就具有掌握一项技能的才能，比如开车。只有开车的人表现出了开车的这种智力。我们该如何概括不开车的人呢？

就某方面而言，不开车的人缺乏这种智力。在哪方面呢？不是我们所理解的曲别针的方面。不开车的人不是非智力生物。缺乏智力等于没有智力吗？当然不是。我们不是要说，正是由于他没有学习如何开车，所以他就是愚笨的或者是傻瓜。他缺乏这种智力只是说他没有拥有我们所谈论的某种技能。在这个意义上，我们在上百万个方面都缺乏智力。来自贫困家庭的儿童常常在许多领域都缺乏智力，他们幸运的同伴却早已擅长这些领域。这根本不是说他们“不开窍”。

水管破裂

（iii）我们最后来对比一下智力与没有运用智力或者愚笨。我很尴尬或者很不光彩地承认，大概一年前，我试着修漏水的水龙头，我想修好水流不止的热水管道，厨房里到处都是水，我徒劳地想用毛巾堵住它。如果我在此之前花时间想一下，不那么惊慌，我可能就会记得去打开楼上的水龙头以减轻水压。没那么做真的很愚蠢。

86 我们有时候都很愚笨（我告诉自己）。愚笨在于错误，在于失败。我们具有与概念有关的一些能力——在我的例子中，我们知道如何控制水——但是在某个特殊的情况下我却没有应用它们。正如在（ii）中，缺乏智力预设了在（i）中拥有智力，因此，在（iii）中缺乏智力预设了在（ii）中运用了智力。

所有这些支持这个主张，即愚蠢并不像字母穿过布莱克浦岩石牌棒棒糖[①]贯穿我们。儿童有时候认为自己是笨蛋，但是，他们这样想在逻辑上是错误的。愚蠢不是个人的品性，与吝啬、偏执这样的缺点不一样。它不是我们个性持久的特征，只是经由厌烦、焦虑、惊恐或者其他什么东西使我们一次或偶尔没能激活自己所拥有的知道如何行动的知识。

撇开具体的事例不谈，普遍论断的公式被亚里士多德以来的哲学界所

① 这种牌子的棒棒糖质地坚硬如岩石。当糖块碎开后，里面字母就会露出来。——译者注

熟知，我们可以得出结论，我们谈论了三个相关的智力概念。显然，第一个概念是生物学上的：

（i）智力是人先天所具有的获得诸多具体的智力能力或者才能的能力。其对立面是非智力。

（ii）在一个领域，智力是具体的、经由学习获得的才能（说话、觅食、游泳、开车等）。其对立面是没有这种才能。

（iii）在特殊的情形中，智力是一项特殊才能的实现、成功地应用。其对立面——愚蠢或者没有运用智力，是指没能应用这个才能。

离开这些哲学家之前，我要说最后一点。智力能被用于邪恶的目的，也能被用于良善的目的。火车大劫案[①]和黄金偷盗案[②]的幕后之人都不是榆木脑袋。

在把智力作为教育的基础（过去几百年常常如此）之前，教育者应该仔细考虑考虑。就伦理层面而言，它是一项中立的才能。亚里士多德自己并不认为聪明是美德。它是其他东西的一部分。对于他来说，聪明构成美德的那个部分是实践智慧。实际上聪明的人是那些在自己的日常行为中运用实践理性的人——为着自己的兴旺，也为着社会中其他人的兴旺。这包括针对目标灵活地运用手段（智力），但是远不止这些。因为实际上聪明的人也会考虑目标。起点是好的生活。智力沿着这条路前行。一旦伦理层面上的好的目标到位，注意力就转向实现它们的方法（其同样要在伦理层面上是可接受的）。 87

在我们这个时代，智力本身有时被视为人们绝对想要拥有的品质。过去，人们认为智力是实践智慧的组成部分，现在，人们将智力从中拎出来。尽管如此，人们仍然渴望拥有智力。

① 1963 年 8 月 8 日，从格拉斯哥开往伦敦的皇家邮政火车被 15 人的犯罪团伙抢劫，盗走 260 万英镑。——译者注

② 1983 年 11 月 25 日，6 名劫匪抢劫希思罗国际商业街的布伦特斯 - 马特仓库，盗走价值约合 500 亿英镑的金条和钻石。被盗窃的庄信万丰银行于次年倒闭。——译者注

心理学家

智力与智商

我转向过去几百年来心理学家所使用的智力概念或者智力方面的诸多概念。各种各样的理论如雨后春笋般地快速增长，但是走向了两个极端。一方面，一些理论趋向于把伯特（C. Burt）的观点视为典范，即智力是“先天的、普遍的、认知能力”，与智力测验宣称要测试的逻辑推理有关系。另一方面，一些理论趋向于更加包容的立场，即智力具有许多不同的形式，就像加德纳的多元智能理论所宣称那样。

以此，心理治疗反映了概念的弹性，这点我在前面论述过。伯特的观点与笛卡尔主义有很大的相似性。他对智力的说法接近于笛卡尔主义认为心灵所具有的先天的推理力量——对于笛卡尔主义来说，它确实是心灵的唯一属性。对于笛卡尔主义者来说，这也是使我们与众不同的东西。这其中涉及心理学对智商的研究。智力测验被视为触及了人类的核心能力。在早期，尤其在伯特那里，它们与改善人种的优生计划有关。甚至，在优生计划被终止的后纳粹时代，认为低智商儿童比各方面都正常的人少点什么的观点就好像根刺扎进公众的心灵中。

20 世纪末期，伯特的智力观点遭到反对，多元智能获得了支持，这
88 可以被解释为：关于人是什么，抛弃一种论述，转而赞同另外一种论述。就好像赖尔反对笛卡尔，后来的这种观点把人类视为实践的生物，其兴趣在于完成许多种不同形式的事情。我们这里有一种典型的 20 世纪末期对于人类本性的看法——一个多元的、强有力的概念，在这种看法之下，运动员、商人、艺术家、教师都有可能过着完整的人类生活。人类这个动物在原型上不再是理论的思考者（如赖尔所说的沉思者）。这就是她或他只会参与的那一种社会实践。

对于创造力，我也做类似的评论。20 世纪晚期，智商取向破灭，一些心理学家开始对创造力着迷。就像那个世纪的其他同行一样，他们的研究与其说是揭示了我们先前对心灵生活所不知道的事实，还不如说是向人性的本质的领地推入了一位挑战者。（更多关于创造力的讨论，参见第 7 章。）

20 世纪早期，那些支持智商传统的人对于智力是人先天就具有的还是后天获得的争论不休。他们理所当然地认为自己的概念在形而上学层面界定我们是什么具有重要性。针对具体的人类本性，抽象推理的核心地位不成问题，只是在何种程度上这种能力是先天的或是需要学习的是有待质疑的。

在亚里士多德式的智力三种水平的论述和我在上一个部分的最后一节对此进行的论述的基础上，我们对于自然生成与后天养育方面的难题好像有了简单的解决之道。

儿童的智力是种先天才能吗？那么，它不随我们所采用的术语的意义而定吗？智力作为掌握能力的能力，明显是先天的；其他两种意义上的智力则是后天获得的。

如果能够这样快速地解决自然生成与后天养育的问题，将是令人高兴的。但是，如果这样能行，真的很奇怪。因为，如果长久以来的争论仅仅只是“智力”这个词语的歧义，这会让人惊讶到极点。

心灵“天花板”与神的存在

就智力是某种先天的才能这个主张来说，这个主张源于 19 世纪的高尔顿（F. Galton），在 20 世纪早期伯特的作品中得到传承，成为今日《钟形曲线：智力与美国生活中的阶级结构》论证的基础（Herrnstein and Murray，1994）。在伯特的构想中，它是“先天的、一般的认知能力”。

89 尽管面貌各异，被如此这般界定的智力不是亚里士多德式的三种意义上的第一种智力，即智力不是能让人去获得诸多才能的（先天）才能。高尔顿概念的本质是个体因智力而有差异。一个人或许比另一个人更加聪明。智力的可能程度的概念没有被写入能让人获得诸多才能的（先天）才能的智力概念中。动物，包括人类，要么有这种能力，要么没有这种能力。人类（几乎在所有的情形中）都有这种能力。

与高尔顿或者伯特相反，我已经说过正常人在先天才能上一般没有差异。但是才能是一个含糊的词语。在一种意义上说，它仅仅简单地意味着“力量”。人天生就具有学习能力。我们没有发现植物和石头有这种能力。在另外一种意义上，它不仅仅意味着这点。例如，在说牛奶瓶具有一品脱的容量时，我的意思不只是它具有容纳一品脱牛奶的能力，还意味着它缺乏容纳更多牛奶的能力。它的容量是有上限的。

高尔顿的智力概念把智力理解为第二种意义上的先天才能。我们不只是简单地天生就具有概念化的能力，而是每个个体的发展上限有所不同。

我们每个人刚好能够容纳智力实体的量存在差异，有些人可能是夸脱（quart）尺寸，有些人可能是品脱尺寸，还有些人可能是夸脱－品脱尺寸。[①] 伯特把智力界定为先天的、一般的认知能力。他写道：“任何一个独特的儿童被赋予的智力，是决定他一生总体功效的重要因素之一。它尤其设定了他所能取得的成功的上限，尤其是在教育、职业和智力领域。”（Wiseman，1967，p.280）

我不能过多地强调高尔顿的智力概念与亚里士多德式的第一种意义的智力概念之间的差异。用亚里士多德的方式说我们具有先天的才能去获得学习能力，并不意味着在可实现的能力上有任何上限，特别是对个人而言。它不意味着牛奶瓶“容量”意义上的先天才能。

高尔顿意义上的智力存在吗？我们不能在没有证据的情况下就认为它

① 夸脱和品脱都是容量单位，主要是英国、美国、爱尔兰使用这两个单位。1 夸脱在上述不同的国家具有不同的容量。1 英制夸脱等于 2 品脱，等于 1.136 升。1 品脱约等于 473 毫升。——译者注

存在。为了证实或者反驳这种主张，什么证据是必要的？必须达到什么标准才能表明其具有智力的上限？

糟糕的表现本身不能成为标准。如果一名儿童不能够理解几何学的某个定理，比如毕达哥拉斯定理，我们不能认为这种理解永远与他无缘。他 90
或许明天就能很好地领悟它——可能因为他的老师用不同的方式向他解释了这个定理，或者其他的什么原因。

但是，假设所有类型的教学方法都被试过了，但没有一种对他起作用，这足以表明他达到了“天花板”吗？某种方法可能起作用了，但是我们却没有意识到，难道没有这种可能性？我认为总有一种方法能起作用。但是对于我来说，越过某个点（并且，我不清楚这个点位于何处），类似这种怀疑似乎是不必要的。一些儿童学得极其艰难，他们真的好像有智力的“天花板”，这体现在他们甚至不能掌握基本的语言。这里的证据在于，帮助他们跨越障碍的所有不同类型的方法都失败了。或许，这种证据并不充分。果真如此的话，我们可能会认为至少有些人具有智力上限是无法予以证实的一个观点。我不想这样说。

但是，高尔顿的主张在任何情况下比这点更加强势：不是有些人，而是我们所有人都是有上限的。这是一个能被证实的命题吗？困难在于，这要适用于正常的人，也要适用于学习极度困难的人。对于前者，判断什么时候达到标准存在太多太多的困难。这是因为他们拥有概念化的素养，教师能够利用它们，试着运用不同的方法，让他们跨过智力的跨栏。如果一个正常的人达到了他的“天花板”，进一步的教学都是白费力气，没有任何用处了，就算真的有这回事，那么，对于我来说，什么时候这个结论会被证实，这点还不是很清楚。

因此，看起来好像我们正在检验的主张在原则上是**无法被证实的**。但是，它在原则上看起来也不是**可证伪的**。什么有可能让我们都有智力的“天花板”这个命题成为伪命题？就我所能见到的材料而言，没有这样的东西。如果人们关注了世界上最聪明的人，其对新思想的领悟永无止境，即使是这样，它也不足以证明这个命题错了。甚至这个人可能有自己的“白痴点”（Pons Asinorum）[①]——即使没有人能够知道它是什么。

如果这种论证是正确的，那么我们都具有自己的能力上限这个信念在原则上就是无法被证实和被证伪的。于是，另一个信念——我们都有先天限定的上限，即有这样的一种东西存在，比如高尔顿的智力，这个信念也是无法被证实和被证伪的。于是，这种比较具体的主张——我们都有上限，它随着正常曲线而变化，的确也是无法被证实和被证伪的。说这些命
91 题在原则上是无法被证实和被证伪也就是在强调它们不是经验主义的假设，因此，它们也不是科学研究的主题。

相反，它们是康德意义上的形而上学的沉思，超越了任何可能的经验的边界。由于它们无法被证实和被证伪，因此，它们类似于这个主张，即我们的行为总是蕴含着某种无意识的动机。或者它们类似于这种主张，即每一个历史事件都是经济力量的产物。又或者它们类似于这个信念，即上帝存在。所有这些，据我的理解，可能都是真的。但是，可能没有证据能够证明它们正确或者错误。

类似这样的主张常常出现在信念的观念体系（ideological[②] systems）的核心处——心理分析理论、马克思主义以及基督教。这点并不令人奇怪。说一个陈述句，如上帝存在，不能被证伪，也就是在说没有人能够拿出任何好的理由来宣称它是不正确的，或者这样说，其正确性不能从理性上被否认（如果你愿意这么说）。但是，如果其正确性不能从理性上被否认，那么，其正确性当然无法被否认。在哪一种情况下，人们会确定地得出它必定是真的结论？

这样的思索或许可以帮助我们解释为什么不同观念体系的拥护者常常

---

① “Pons Asinorum”是欧几里得几何学中的等腰三角形定理。这里是比喻的用法。——译者注

② “ideological”这个词的词根是英语“idea”或者德语“idee”，关乎理念。在本书中，它侧重的是无价值偏见的观念体系，而不是从政治层面考虑，所以，译者将其翻译为“观念的”。——译者注

坚守他们的信念，即使这些信念依靠的是无法被证实的命题，譬如上面所提到的那个。但是，它靠不住。我们不能否认，不能被证伪不是必然地不能被否认，这点也必定是真的。

就好像我所提到的宗教与政治的主张，我们都有先天限定的智力的上限这个命题成为新的观念体系的轴心。围绕着它，所有其他类型的命题也共生，它们既可以是描述性的命题，譬如，智商的常数，正常分布的常量，等等，亦可以是规范性的命题，例如，应该按照儿童不同的“先天才能”准备不同类型的教育。随着这种体系复杂性的增加，并且，随着它的支持者对细节的讨论，更大的可能性产生了：事先被设定为是外围信念的基础的信念被视为理所当然。这使得大家都更难以质疑或者放弃它们。例如，如果有两个人在争论上帝是一位还是三位一体，那么，他们两个人都相信上帝存在。如果有另外两个人在争论他们的智商是不是智力“天花板”的有力证据，那么，他们两个人都信奉我们有这样的智力“天花板”。

多元智能 92

今天，你运用了多少种智力?

这是个很奇怪的问题吗?这个问题对澳大利亚一所学校的学生来说并不奇怪，他们每天走出大楼时都要经过写有这个问题的黑板。因为他们学校以哈佛大学心理学家加德纳所提出的多元智能理论为基础，就像在美国、英国和其他地方的学校一样，这些学校的数量在快速增加。

加德纳于 1983 年出版了《心灵的架构》(*Frames of Mind*)一书。在这本书中，他为在人类中为数不多的、相对具体的诸多智力的存在辩护。这些智力以不同的方式结合在一起，共同构成了不同个体的智力库。其中两项智力，逻辑数学智能与语言智能是智商测验所关注的东西。但是，智力远不止这些，它是多方面的。其他的各种智能包括音乐智能、空间智能、肢体动觉智能、人际智能以及内省智能。他最近的研究在原来 7 种智能之外又增加了自然归类的智能[①]和精神智能，对于精神智能，他还有些疑虑。他半开玩笑半认真地说，虽然苏格拉底视人类为理性的动物，但是他自己把人类看作拥有 8.5 个智能的动物。

加德纳多元智能理论的影响持续了很多年，影响力日益增强。他如今是最著名的智力方面的专家，不仅在美国如此，在世界上其他地方也是如此。除此之外，近年来，上千所所谓的“多元智能学校”在美国、加拿大、澳大利亚以及其他地方如雨后春笋般增长，它们都以加德纳的理论为基石。一些加德纳的信奉者相信课程应该建立在所有智能发展的基础上，就像本节开头提到的学校里的管理者。加德纳明确学生“彼此具有十分不同的心灵”，并且，承认“教育应该被如此塑造，对这些差异要有反应”，他从中看到了更多的教育益处。

他的观点在英国也有影响力。20 世纪 90 年代晚期，多元智能理论成为全英国学校改进计划中一股解放的力量，从西米德兰兹郡（West Midlands）的桑德韦尔（Sandwell）、伯明翰（Birmingham）到苏格兰的戈万（Govan）。不难理解，这种概念会吸引薄弱地区以及教育水平较低的地区的教师和政策制定者。这些地区的许多儿童由于自我认同感低而畏缩不前。他们认为自己很笨。但是，这是在智力的传统框架中——他们在抽
93 象逻辑思考方面能力很差，智商测验就测这个。智力的画卷变宽后，外界对他们的认识就改变了。“儿童生来聪明”，伯明翰地区该项目的领导人如是说。儿童的诸多能力可能在于身体活动、音乐、视觉艺术、与他人交往上。在西米德兰兹郡或者格拉斯哥（Glasgow）以及其他学校的拓展学习计划中，这些智能以及其他领域被开发出来。一旦儿童开始意识到他们在这个领域或者那个领域具有智能，他们的自尊感据说会惊人地提升。

以上提到的计划没有一个盲目地依附于加德纳的理论。它们都更多地把它当作催化剂，开启学生及其父母的心灵。这是非常合理的，因为多元

① 也叫自然观察的智能。——译者注

智能理论本身实在薄弱。

我怀疑，许多来自一线的加德纳的支持者很少有机会仔细地梳理他的理论，他们都是大忙人。智力不局限于智商测验所测的能力，而是在各个领域被发现，这个观念在教育界获得广泛的关注。它为教师开展工作提供了关键的支持，教师试着让学生战胜自己的认识，即自己不聪明。

但是，目前为止，这没有与加德纳的多元智能理论特别有关的地方。我们要区分一般的主张——智力具有许多种形式，不只局限于智商测验所测的形式——和这种主张的特殊版本（在多元智能理论中有所体现）。前一种主张并不新鲜。赖尔提醒我们“拳击手、外科医生、诗人和售货员”都拥有自己的智能运作类型，他们用“独特的标准来完成各自特殊的任务”。就像我先前所说的，人类有多少个目标，就有多少种智力类型。

两千多年以前，如我们所知，亚里士多德区分了聪明的人和有实践智慧的人，前者擅长针对目标采取手段，而不管目标本身是否可取，而后者从一开始就确保目标是好的。

也如我们在前面所看到的，有智慧的行为与追求目标时灵活地运用手段有关，并且，人类的目标有多少种类型，人类的智力就有多少种类型。智商的魔法一旦被解除，我们就会发现太多的相似之处。加德纳一直允许用不同的方式来展现智力。然而，他却为这种多样性寻找队伍，把其圈入几个范畴之内。他称这几个范畴为“迷人的智能之环”。7 种智能（在近期的说法中，有 8 种或者更多）是所有其他智能的基本组块，它们相对自主，其中几种智能是拳击手的技能的构成要素，另外一些智能的组合是外科医生的技能的构成要素，等等。 94

什么标准指导加德纳区分智力的领域？如下所示。

· 由于大脑受损，有可能被隔离的区域

· 很笨的仆人、杰出的个体

· 能够被辨认的核心操作或一组操作

· 独特的发展历史，伴随一组能够被界定的、专业的、“最终状态”

的表现

· 演变的历史与合理性

· 来自实验心理学研究的支持

· 来自心理计量学调查结果的支持

· 对象征系统中的编码的敏感性

我不会对这些标准进行详细的批判，部分原因是我早已经在别处这样做了（White，1998）。对一般的人来说，这看起来好像是这些不同领域的科学发现都汇集成这个结论，即人类心灵大约由 7 种左右的智力构成。但是，情况远非如此。

这部分是由于至少有两种标准不依赖于实验的证据，而依赖于心理学的或者哲学的诸多理论，其基础不可靠。其中，第四个标准中，发展主义的预设在第 4 章中受到了彻底的批判。另外一个——最后一个标准——是哲学家古德曼（N. Goodman）的理论，即艺术和其他领域的象征体系。他的理论极度矛盾，许多哲学家包括一些重要的美学家都拒绝他的理论。

关于这些标准被如何用来挑选智力也存在问题。正如我在别的地方对加德纳的理论所评述的那样，他的著作没能说清楚这些标准是否全部都是必要条件，也没能说清楚比较次要的要求是否起作用。有时候，他主张它们必须全部被满足；而在另外一些地方，他又似乎满意于大部分被满足。他还在其他地方告诉我们，没有“智能遴选的算式”，任何受过训练的研究者都能够决定备选的智能是否满足标准。然而，他接着说：“必须承认，备选智能的遴选（或者不选）更多的是艺术鉴定，而不是科学评估。”除

95 了想到智能的辨析是主观的事情，依赖于特殊的权重，即作者在不同情形下给出不同的标准外，我不知道还能说些什么。

但是，加德纳的体系最基本的问题是这个。他如何为他所列举的、挑选智能的特殊标准辩护？迄今为止，我还不能从他的著作中找到答案。

加德纳挑战了用智商测验来分辨智力的做法，在这点上他是正确的，并且，他主张智能具有多种不同的形式，而不仅是智商测验所测试的语言

能力、逻辑 – 数学能力。但是，他却走偏了，他试图把这个巨大的差异归置在 7 个或者 8 个格子里。他成功地让教师和项目工作人员看到了新的可能性，这点值得我们感激。用新鲜的、可及的方式，他呈现了自己的观点。但是，加入多元智能理论的战队存在危险。7 种或者 8 种智能与大家所熟悉的课程领域太接近，这有点危险。我们或许逃离了智商测验的枷锁，却发现自身陷入了另一个疑点重重的理论牢笼。

没有它，我们能行吗?

那么，教师和父母真的需要智力概念吗？它是有助于他们思考儿童的心灵，还是令他们更加困惑呢？

如前所述，心理学家做了大量工作。正是他们一个多世纪以来在孜孜不倦地研究；正是他们探究了智力的本质与其测量——其是人类本性的关键部分，并且，在某些时候，他们也探究了种族的改进。先天论的 – 环境主义的视角、一元 – 多元的视角，长期以来存在差异，但这些差异却强化了外行的这种看法，即，十分重要的问题都岌岌可危，有一天，科学会解决所有的难点。

但是，现实并非如此。对于智力长达一个世纪的心理探索是否增进了我们的知识，并使我们超越亚里士多德所理解的东西，仍有疑问。它当然给予我们观念、未经证实的主张、大量困惑，但是这会让那些寻求清晰性和启示的父母和教师感到不舒服。

我们不能把智慧行动这个概念（即根据目标来灵活地采取手段）束之高阁。这应该没有疑问。现实的问题只是我们是否要这个概念独立，它如今被掐头去尾，因为它曾位于实践智慧这个更大的概念中，是其中的一部 96
分，但这个伦理学的框架已经倒塌。很明显，分别在这个或者那个领域表现出聪明就是政治和商业领袖想要的东西，这鼓励了在校的学生（至少是一些学校的学生)。那些对从伦理上对目标进行反思不屑一顾的年轻人会成为有用的工具。

但是，文明社会是否依然需要把更大的权重放在纯粹的智力概念上而不是放在更加具有包容性的实践智慧的概念上，是另外一个问题了。

小结与要点

智力概念对于理解儿童的心灵有何作用？心理学家，尤其是那些对智商测试感兴趣的人，一个世纪以来都在广泛地研究这个主题，而哲学家却鲜少提及这一主题。

那些研究过这个主题的哲学家，常常从针对目标灵活地采取手段方面来理解智力，因此，比起在智力测验中所测试的智力方面的能力而言，智力的含义更为宽泛。在这种观点下，许多行为可能是运用智力的行为，我们曾经没有理由去这样称呼它们。对于这个主题，行为主义的方法是有问题的。或许，尽最大努力去固定住智力的含义，这也是有问题的，因为这个概念可以在或宽或窄的意义上被使用。其最宽泛的含义等同于心灵本身，至少是在涉及概念的方面。

采用亚里士多德的方法，我们区分了智力的三个层次。第一个层次是人类和一些动物先天就有的，第二个层次与通过学习获得的能力有关，第三个层次与在做判断时运用所学到的能力有关。

转到心理学上的论述，伯特把智力描述为“先天的、一般的认知能力”，他假设，这种先天的能力设置了儿童个人能够达到的智力水平的“天花板”。(关于发展主义对“天花板”在心灵中的作用，参见第4章。)或许，就像关于上帝存在的主张一样，这个假设显得既不可证实也不可证伪。加德纳新近的多元智能理论反对只狭隘地关注逻辑与语言智能——这出现在伯特和其他智力理论者那里，但是，他的理论自身也受到了哲学上的批判。

亚里士多德批评聪明（作为一种能力）脱离实践智慧。实践智慧是一种美德，它比聪明更宽泛，要求对目的之善进行反思，同时也要对针对某个目标的有效的手段进行反思。因此，在一定程度上，智力的确是理解儿 97
童心灵的关键概念。

拓展阅读

如正文所述，哲学上对智力的讨论很少，至少很少见到有人明确使用了这个术语，例如格滕普兰主编的《心灵哲学手册》中就没有这一项。赖尔在 1949 年出版的《心灵的概念》(*The Concept of Mind*）第二章中，基于行为主义的视角，对智力做过经典的讨论，这方面也请参见麦金太尔所写的《依赖性的理性动物》第四章中《论“海豚的智力”》一文的相关内容。对能力和性情比较宽泛的描述请参见肯尼的《心灵的形而上学》第五章的内容。亚里士多德在《尼各马可伦理学》的第十二部分中区分了聪明和实践理性。“亚里士多德式”的三个层次的区分源自亚里士多德的《论灵魂》(第二卷）(*On the Soul Book II*）。

我在 1998 年发表的《加德纳的多元智能可以叠加吗？》这篇文章中对智力这个主题进行了更有针对性的分析。在这篇文章中，我对概念进行了宽泛的描述，也对加德纳的《心灵的架构》(*Frames of Mind*）和《多元智能：实践中的理论》(*Multiple Intelligences: the Theory in Practice*）这两本书进行了评论。克莱尼格（J. Kleinig）在《教育中的哲学问题》(*Philosophical Issues in Education*）的第十一章中，从哲学的角度对心理学领域中所做的智力和智商方面的研究进行了简短的评价，该书 1982 年由克鲁姆·赫尔姆（Croom Helm）出版。温奇在《语言、能力和学业成绩》(*Language, Ability and Educational Achievement*）一书的第一章至第六章对这方面的研究给出了比较详细的评价，该书 1990 年由劳特里奇出版。巴罗（R. Barrow）在他的《语言、智力和思维》（*Language, Intelligence and Thought*）一书中对智力及其在教育中的地位给出了比较长的讨论，该书 1993 年由爱德华·埃尔加（Edward Elgar）出版。巴罗对智力的论述与本章有所不同，他所讨论的对象更加贴近智慧性探究。

第 6 章　什么是思考？ 98

这章的标题很折磨人。它让我想起自己在抚养女儿长大期间的一段插曲，这段插曲我永远不会忘记。可能是密尔沃基拳击手队或者查塔努加猎豹队，我记不太清楚了，不管是哪一队，当时在一个练习中，其被用作一段逻辑文本来讲解三段论。我找到这份材料，给我 9 岁的女儿磨砺思考的技能。我和她妈妈是怎样哄她完成这些例题，进而发现无效的三段论，我现在都想不起来了。我很有可能把它作为新的家庭游戏。无论如何，这太难了。于是，我很快就放弃了三段论，转向报亭出售的逻辑益智书。我当时想，它们比较接近现实生活，只是解决安德鲁（Andrew）——这位素食主义者是否喜欢钓鱼和排球而不是足球或者游泳，他是否只在每周一、周三有空，他是否比布莱恩（Brian）高，他……，总之，证明这些，不会太难。

哲学家应该认识得更多，而不是相信思考的总体完善要通过逻辑练习来实现。这些练习要求高度专业化的思考方式。它不关注如下信息：信念之间的交锋、人际关系的冲突、如何修理坏了的自行车、被水淹了的花园或者我们通常能想到的任何其他事情。它被引向不同陈述之间的某些抽象的关系。

虽然，我们不想让儿童成为形式逻辑方面的专家，但是，我们的确想让他们处理日常生活中的实际问题，想让他们用数理逻辑或者历史逻辑思考问题，想让他们从事创造性的写作，想让他们思考如何生活得圆满或者过上道德高尚的生活。

这些事情的共同之处是什么？这引发了各种思考。

99 思考是一种活动

我们来看一个明显的区别。

- 如果一名儿童正在思考一个代数问题，她就正在从事一种活动。某事正在她的心灵中进行。
- 如果一名教师问一个学生他的所思所想，比如对于刚才在课堂上讲到的一个观点，她就是在问他相信什么，而不是在问他正在做什么。

在第 1 章的论述中，即时的思考与持存的思考之间是有差异的。

就像我们所看到的，教师的目的在于通过让学生不断地卷入心灵活动——关注事物、思考问题、对他人感到同情，来修正、完善心灵的持久存在状态——信念、技能、个人品质。一方面是目标，另一方面是教学的程序。

作为一种活动的思考（thinking as an activity）与作为一种相信的思考（thinking as believing）之间的区别也是这样。通过让儿童参与思考活动，教师能够使他们获得新的信念，并且修正旧的信念。在公民课上，努力思考如何处理污染问题，会让儿童深信对此没有简单的办法。

教室里的思考活动并不总是以信念为目标。教师也想培养儿童论证的**技能**。鼓励儿童更细致地思考如何对待他人，则是养成**个人品质**的一部分内容。

思考活动的种类

思考活动有许多种。相比较而言，其中有一些种类与教育者更为相关。思考可能会没有方向。白日梦与思考一个问题不同，它不刻意地集中在一个目标上。一个想法常常偶然触发另一个想法。学术界对白日梦是否对教育有作用尚没有定论。一方面，它可能使人对重要的事情分心。另外一方面，如果叶芝（Yeats）放下他童年时所做过的白日梦，逼着自己朝向更有成效的东西，那么，也许他就不会成为一位伟大的诗人。

另一种思考是有方向的，或许专注于一项任务或者一个目标。有方向的和没有方向的思考之间不存在清晰的界限。可能有各种各样界限不明的情形。

没有独特的方法对有方向的思考进行归类。它依赖于更大的目的。在 100
教育背景下，我们有足够的理由从理论性思考与实践性思考之间的传统区别入手。

理论性思考以发现真理为方向。例如，它刻画各种课程（如数学、历史、地理、科学）的特征，从一个领域到另一个领域，它具有不同的形式。

实践性思考关乎决定做什么，而不是发现情况是什么。如果我身陷交通堵塞，努力使自己脱离堵车，那么，我就在通过进行实践性思考用最有效的手段达到我的目标。科学实践课上，学生被要求设计一个实验来验证一项假设，这也是在运用实践性思考。公民课上学生们对如何减少污染的讨论也是实践性思考。所有这些都是实践性思考的方式。

关于目的和手段的思考亦然。一个青少年困惑于他是否应该花很长时间学习而不是社交（或者相反），他便是在进行工具性的考量（他想被团体认可，或者他想迈进高等学府）；不过，他也可能开始掂量事情本身对他的重要性，或者，在他的总体目标上，哪个目标应该优先。

理论性思考和实践性思考之间的连接也很重要。实践性思考汲取之前的理论性思考所得出的结论的许多要点。例如，决定要针对污染做些什么，依赖于事实数据所揭示的污染的性质与程度。不过，实践性思考自身也可以包含理论性思考。在决定如何摆脱交通堵塞时，我的推理可能包括（考虑到我实际的思考过程是散乱的，我的推理过程可能不是很连贯）这样的序列："如果我驶离红土地路，我会在 T 字路口被堵住吗？我最好不要冒这个险，所以，我最好……"

越过理论性思考和实践性思考，还有其他类型的有方向的思考吗？这两种思考共同的特征是，它们绝大部分都是推理的形式——关于什么情况或者关于要做什么。沉思则不同。正在祷告的信徒，他的心灵专注于上帝或者极乐世界。它是有方向的思考，不过，思考没有被用于进一步的目标，如，真理或者行为。这种思考是因其自身之故，有自身内在的根据。
101 或者看这样一个例子，有个人在艺术画廊里看鲁本斯（Rubens）的画。她沉思其不同的特征，这些特征与整幅画的关系，她的心灵此刻没有任何外在的目标，只有目的本身。

与身体有关的活动，如打网球、开车、制作陶罐、画画呢？思考完全在其中吗？不可否认，这些活动可能全都涉及实践推理的某些因素。在比赛间隙，年轻的网球运动员可能想出策略来帮助她赢得比赛，但是，当她处在比赛最激烈、最兴奋的时刻，并且没有时间得出结论时，她也在思考吗？

如果她打得正好，那么，她的心思就在她的任务上：她在想她要做什么。只要她在思考，就必定被导向思考，而不是我们在白日梦中所发现的各种天马行空。这点我稍后会谈得更多。

我们现在已经涵盖了各种类型的思考了吗？科学家或者历史学家寻求假设，或者诗人提出一个恰当的比喻，这些是哪类思考？这是有方向的思考，不过，它的结果并不完全是推理出来的。它们经由跳跃性的想象而来。就好像科学家的例子显示的那样，想象的活动不能被放在与理论性思考不同的格子里。科学中所提出的假设是旨在发现真理这一更宏大的事业的一部分。

关于思考的四个论题

思考是有意向的

我们不能只是思考。我们的思考总是关于什么的思考或者关于某事的思考，或者思考某事的情形。一名儿童可以思考她的母亲，或者思考最近糟糕的天气。换言之，思考是一种意向现象（参见第 1 章）。在刚才所举的例子中，儿童思考的对象是在现实中存在的（母亲的例子），或者是真实的（天气的例子）。但是不需要如此。一名儿童可以思考狼人，即使它们不存在。在第 1 章，我们从总体上讨论了意向的一个特征：其对象可以存在，也可以不存在。

显然，这点对父母和教师来说很重要。他们的大部分职责是让儿童放弃错误的、不存在的东西，转向正确的、真实的东西。但这不是全部。如果思考总是牢固地与实在绑在一起，那么，儿童就没有空间去享受《爱丽丝梦游仙境》(*Alice in Wonderland*)、把自己放进别人的鞋子里[①]、遐想鸟儿为什么迁徙的乐趣了。102

思考是一种活动

思考有别于某些其他意向现象，比如，感到悲痛，原因在于它是我们所从事的一种活动——它和发生在我们身上的事与压倒我们的事有别。活动有时是一种手段，针对更远大的目的——发现真理或者做出决定；活动有时就是目的本身，例如宗教方面或者美学方面的沉思。

在第一种情形中，即在手段 - 目的情形中，我们思考的直接的意向对象在某种意义上是不完整的。它是更大的对象的一部分，包括我们在心灵

① 这是个习语，意指能设身处地、从对方的角度看问题。——译者注

中所具有的更远大的目标。例如，如果一名儿童正在计算一个长的乘法算式，314×569，在特定时刻，她思考 9×4 等于多少，她思考的直接对象是 9×4 之积，不过这只是整个运算的一部分。

在沉思的情形中，我们思考的直接对象本身可以是完整的，例如，我们只关注上帝。不过，沉思的对象也可以是不完整的，虽然这种不完整与理论推理或者实践推理中的不完整不一样。一名正在观看鲁本斯画作《末日审判》（*Last Judgement*）的学生，可能在思考被救赎的女子脸上幸福的表情。然而，这不是微小的活动，而是更大的事业——从整体上欣赏画作——的一部分。美学沉思的不完整性不同于推理活动，原因在于：在前者中，不完整的对象以部分 - 整体的方式与更大的关注对象建立联系，而在后者中，确切地说，两者是手段与目的的关系。

思考活动使用概念

我回想起我以前的同事彼得斯对一本新出版的关于教儿童思考的书——《用概念思考》（*Thinking with Concepts*）做了嘲讽的评论，他说：“好像可以有别的做法似的！”

思考必然会涉及概念的使用，这个观点看似毫无问题。正如我们在第 1 章中所看到的，意向对象伴随着概念的运用。思考 X 必定是在某种描述下——更确切地说，将对象作为这个或者那个——思考 X。于是，当一个女孩儿想着她妈妈时，这个女孩想着的人，不是拥有别的身份的她——一
103 位快乐的邻居、一位老朋友，而作为自己的妈妈的她。

出于一个更深入的原因，概念在思考中也是必需的。如果思考是一种活动，那么，思考者就知道自己在思考时是在做什么。他们对自己的目标有所理解（并不需要有十分清楚的理解）：这个目标是外在的，例如推理的情形里的目标，还是内在的，如沉思的情形中的目标。这个目标也是形成概念的东西。思考 314×569 等于多少的儿童，意识到她正在算出乘积。如果她没有后面这个概念，她就不能进行这种类型的思考。并且，在这个

和其他推理的情形中，年轻的思考者需要概念，以便能够处理那些并非被很明确地包含在推理链中的命题。

可以有不涉及概念的思考吗？一些宗教观念的沉思或者美学观念的沉思可能暗含了这种想法，不过，无法想象它们能完全摒弃概念化。假设，沉思者留意某物，那么，就必定有某个方面让他思考它。更一般地说，他必定有某个概念，这个概念是他从一开始就要去沉思的。概念似乎真的与思考不可分离。

所有这些与教育直接相关。如果儿童要学会思考，他们就必须拥有概念（它们是人探究问题的必备要素）。稍后我会回到这一点。

思考在身体活动（比如打网球）中有所体现，即使这些活动不涉及推理。我们要如何看待这样的观点？如果思考真的发生了，那么，概念在哪儿呢？

如果第 2 章中的论证合理，那就不会有问题。我们面对的是符号认知的问题。一名会打网球的初学者会思考自己正在做的事情。当她看到球飞过网，看到球要下坠，旋转着落地了，或者其他什么情况，她就要准备做出相应的反应。她的思考被引向一个物体——飞着的球，她以某种方式把它看作做出某种反应的符号。

的确如此，她的思考不是自发的，但推理和沉思却是如此。她的思考与自己的感知觉相连，当她看到球或者看到对手的反应之后，她才开始思考。它不是这样的思考——她想何时思考就能何时思考，她想在何处思考就能在何处思考。它并不直接与拥有语言相关，也不直接与（它所伴随着的）概念之间的逻辑结构相关。

思考是一项技能 104

思考是一种活动。它是心灵中发生的某种事情。它是一种即时性的现象。不过，它也是某种儿童能够加以完善的东西。由于实践，活动能够日渐完善。这就是为什么思考有时被概括为一项技能的原因。它具有持存性的一面，同时也具有即存性的一面。教育者的一部分任务是通过让儿童思考来培养儿童的思考技能。

我们能够用智力这个词来给思考技能贴标签（在第 5 章中，亚里士多德式的第二种意义上的智力）。但是，由于第 5 章概述了围绕智力展开的争论，我们可能最好还是坚持“思考技能”这个表述。思考技能能够通过实践得到完善。儿童能够学会避开障碍，专注于自己所要思考的事物。推理涉及的地方会使儿童的概念库得到扩充，这有助于儿童进行更加复杂的活动。儿童能够精简推理。他们可以把曾经非常清晰的推理简化为论证的链条，充满“裂缝”、跳跃、捷径。儿童对一些特殊场合所做的判断，能够帮助他们在未来的场景中进行更有效、更有力、更深入的思考。在所有这些方式中，儿童的思考技能得到完善。如果我们愿意，我们可以说这些提高了他们的智力。不过，出于上面提到的原因，我们最好从这里撤退。

思考只是人知道如何做事的技能吗？在体育课上，一名儿童也许会学习如何爬绳。她习得了这项技能。但是，假设她从不使用这项技能（就像我们大多数人？）或在一段时间里，她没有用这项技能，她可能仍拥有这项技能，或有所生疏。我们若鼓励儿童思考，就不能满足于此。我们想要儿童经常使用他们的技能，养成清晰思考的习惯，清楚地思考自己要做什么，要相信什么。我们想要他们形成思考的品质。

有普遍的思考技能吗?

在我教学生涯的早期（在此之前，我已经当爸爸了，并且，喜欢密尔沃基拳击手队和查塔努加猎豹队），我以为有普遍的思考技能。当我是学生的时候，学校里的课程大多是事实性的信息或者限于技能这块。在我要任教的伊尔福德学校，历史和法语的教学大纲也是如此。史蒂芬

105 （Stephen）和玛蒂尔达（Matilda）之间的口角或过去完成时的用法，与生

命的意义有何关系？学习可以令人更加振奋，其也应该如此。问题在于，学校很容易沉迷于零零碎碎的考试，丢掉了根本。学校教育应该是一项教学生去独立思考的事业。

其实，在我的教学实践中，我曾这样做过——一名聪明的六年级学生，向我咨询备考牛津大学和剑桥大学的普通考试。我着手加强她心灵的力量，从我喜欢的《思路》（*Lines of Thought*）一书中找练习题给她做。（我记得有些是关于找出论断中的谬误的题，例如，如果一片阿司匹林能用 20 分钟彻底消除头疼，那么，两片阿司匹林就会让头停止疼的时间减半。）

我不知道萨莎（Sasha）最终是什么样或者她的心灵最终变得如何强大。但是，几年之后，我听一个朋友在一个青年教师学习教育哲学的会议上朗读了她的文章。“我们需要从根本上重新思考课程”，她争辩道，“科目已经成为过去。它们阻碍了教育的真正任务。学生必须被鼓励，从而成为批判的、有创造力的思考者”。

我很高兴，她对教育的新见解被一位课程指导教师粉碎，他回应了她的见解。他指出，一般说来，不存在像批判性思考或者创造性思考这类东西。它们全都要依靠学科。有些人能够批判性地鉴赏一首诗，他们并不会因此就能够自然而然地批判性地思考历史中的论断。一位有创造性的科学家——擅长提出富有挑战性的假说——不一定擅长创作音乐。你没法轻易地摆脱学校的科目。当然，学校过多地关注学生对事实的学习，却不够关注学生的独立思考。学校应该花更多的时间培养学生的推理能力与产生原创性思想的才能。不过，不存在能够凌驾于课程表上的各个科目之上的普遍的特质。每一个主要科目——历史、数学、科学、文学研究、哲学等——都有自己的推理方式、批判性地评议其他主张的方式、让想象力飞跃的方式。从总体上提高思考技能的目标在逻辑上是没有意义的。

有一天我不再相信有普遍的思考技能：那天，我意识到，我作为学生的教育学意义上的家长所犯的错误——停止了。我当时并没有意识到自己对它们感兴趣竟有那么久。在 19 世纪晚期，受官能心理学影响的教育者，

106 把教育的目标视为训练各种各样的“心灵肌肉”，包括理解、推理、评价（Selleck，1968, pp.45–58）。在20世纪中期，美国一份富有影响力的报告区分了有效思考的三种形式——逻辑性的、关联性的、想象性的，并且主张这些形式分别在自然科学、社会科学以及人文学科中得到了最好的改进。此后50年，英国政府在新修订的2000年后国家课程中囊括了思考技能——信息加工、推理、探究、创造性思考、评价等技能。

普遍的思考技能的吸引力在哪里？就像其他领域中的关键技能一样，它们被认为是可迁移的，因此，如果我们在一种情形中掌握了它们，那么，我们就能在其他情形中使用它们。在诸多政策文件中，这样的信息并未消失。可迁移的技能更多的是被用于传递教育产品，而非具体的学习方式。它们给予学生更多智力方面的力量，但对资源的使用却不多。它们是教育政策制定者手中神奇的钥匙。

但是，可迁移的思考技能广泛存在是极其不可能的——其原因在多年前那个让人备受打击的会议上已被提出来。学生在历史课堂上所学到的推理和探究能力，与学习几何或者制订家庭假期计划时所涉及的推理和探究能力是非常不一样的。每个学科都要求特定的学科知识，利用这门学科的那类证据，以及按照自身的标准来进行推理。充满想象力的（有时叫作横向的）思考——比如，如何让六个人用一条绳子、一个汽车轮胎、五个塑料袋渡过一条河，看起来非常不同于猜想，例如，人类是通过自然选择进化而来的。可能有广泛地涵盖各个领域的普遍的技能，但是，在没有证据之前（目前还没有好的证据），就不应该假设它们存在。它们或许被很好地证明是一种幻象。毫无疑问，在非常相近的领域，技能可能有某种程度的迁移，但是，认为存在全盘照搬的可迁移性的信念至今仍没有根基。

我们能看到这种观念的诱惑力。如果我们看各种各样的科目，就会发现许多科目涉及儿童对事物的探究，如探究人口爆炸、光合作用、叶芝的诗歌、火山爆发。因此，所有这些科目都有某种共同的东西——探究。如果我们聚焦于这个共同的要素，抽象出特殊之处，那么我们就能（似乎能）确定一般的探究是什么，然后我们就能发现如何教学生进行探究。

我们能从整体上考察探究的概念，这是千真万确的。但是，关于探究的教与学，要遵循什么原则呢？汽车、直升机、摩托车、快艇、货车、火车、地铁等，它们都有某种共同点。它们都是交通工具。但是，如果我们 107
想要制造各种交通工具，我们就不能提供一些抽象的产品，即公路上的、水上的、轨道上的、空中的交通工具。

形式逻辑和非形式逻辑总是吸引普遍的思考技能的支持者，更加哲学的思考技能尤其如此。我指出萨莎的错误就是用的这种模式，我后来指出路易斯（Louise）的错误也是用的这种模式。如果你想让人们思维清晰而不是思维混乱，那么，让他们理解什么构成一个好的论证、什么是不好的论证，似乎是最合理的方式。对有效的三段论、无效的三段论的研究显然是做到这点的一种方式。

假设一名学生对找出这种论证——“苏格拉底有一死。所有的人都有一死。所以，苏格拉底是人。”——的瑕疵非常内行，那么，这表明她有什么样的思维品质？

这里有两点值得注意。第一，一个人善于找出这种类型的错误，其并不必然能够很好批判科学或者经济学中的论证。并不是所有好的论证都能够用严密的逻辑方式展示出来。历史学者的证据是真的，但这种证据就不能推出有效的三段论形式的毋庸置疑的结论。

第二，思考的过程与思考的结果在教育上有重要的区别。前者是关于人们思考时正在做的事情，而后者则是人们思考后所产生的结果（如果思考有结果的话）。

对于说英语的人来说，其很难区分结果和活动之间的区别，因为他们用思想（thought）这个词来涵盖两者。帕斯卡尔（B. Pascal）的《思想录》（*Thoughts*）是他的思考结果，这是他在程序意义上的“思想”。

对三段论十分内行——或者，善于对生物、化学或者政治学的论证庖丁解牛——是对思考结果的思考。她善于区分前提与结论。或许，她善于找到前提背后的假设。所有这些使得她十分擅长研究各种命题之间的关系。

但是，梳理已有的思考成果只是思考活动的其中一种类型，并且，是非常少见的一种——其在世上大抵如此，虽然在传统的中学课堂或者大学课堂上这类思考活动并不少见。你可能在三段论上毫无建树，但是在如下方面很擅长，即，看出人际关系中微妙的问题，找出最佳破解问题的方法，或者自己动手制作东西。逻辑上的难题可能非常好地训练了你解决逻辑问题的技能，但是，它们并不是必然能全面地提升你的思考能力。

108 不管是自己动手制作东西还是进行科学研究，推理者实际进行着的思考——过程而非结果——极有可能显示不出（在逻辑学家的三段论中所体现出来的）清晰的条理。一个合理的论证是推理所瞄准的目标，而不是早已包含在她的思考中。在实现目标的途中，如果事情尤其复杂，她就会费尽周折，她往下走，并走出各种各样的死胡同。

这就是学习推理的含义。教师能对这个过程助一臂之力，为此，教师要保持学习者的注意力，即让学习者留意直接的思考对象和整体目标，指出学习者不恰当之处，提供反面的意见，建议学习者回到主题，催促学习者从当前的证据中得出推论、鼓励学习者提出新颖的视角和假设。

对实践性思考的一点恳求

对普遍的思考技能的探讨看起来好像没有结果。如果我们想要提升儿童的思考能力，那么，回顾理论性思考与实践性思考之间的区别可能更有成效。

理论性思考旨在发现事物的真相。实践性思考旨在决定做什么。在两者中，实践性思考是比较宽泛的概念，它应用理论性思考。为了决定做什么，我们需要知道相关的事实。谁发现了这些事实，谁就进行了理论性思考。无论我们要面对的是专业化的思考，如，修建水库，还是要面对日常生活中的思考，如，更换坏了的窗帘，都是如此。

实践性思考有不同水平，从侧重脑力的思考到侧重动手的思考。尽管其是一种核心的思考类型，我们在私人生活和公共生活中都依赖它，但是就传统而言，它在学校课程中并不受重视。当然，这个情况要排除那些为所谓的学术能力不强的儿童开设的以动手为目的的课程，如木工课或厨艺课。在学校，有实践性思考处于优先地位的情况吗？

传统的学校课程尤其依附于那些为追求真理而建立的学科——数学、科学、历史、地理、宗教教育的事实部分、文学以及其他各类艺术。其中，数学与科学中的数学部分在传统中具有一种荣耀，这是其他类型的推理所不具有的，如历史性的推理。

为什么数学拥有这种地位，有各种各样的原因。一方面，交通系统、 109
机床、电脑与科学种田体现了数学有助于传递物品（从字面上看），没有它，工业社会不可能存在。但是，另一方面，也是由于它在课程中的特殊地位。它的这一地位一直受到自柏拉图以来的传统观点的影响，即最高级别的思考是产生最大确定性的那种思考（参见第 1 章）。例如，历史学科中的思考似乎在智力方面的力量上落后于数学学科中的思考，因为它没有确凿的证据证明命题。顶多在历史中我们能够得出有证据强烈地支持某个结论，譬如，法国大革命的进程被思想狭隘的一群人所左右，或者希特勒一直试图避免与英国开战。

为什么产生确定性和严格证据的思考赢了给提出反向证据的可能性留有余地的思考？传统的理由是：如果理论上的推理意味着给予我们**知识**，那么，只有没有为疑惑留下任何可能的空间的心灵状态才有资格获得知识。

这是对知识概念的一个很苛刻的要求。它局限于众所周知的数学真理和逻辑真理。即使我们周围世界中所谓的知识（譬如这个房间里有许多书柜）不是确定无疑的，它是现象。对于它，人们也会有疑问。

关于知识的性质，我们要绕开传统知识论的争论。由于这些争论可能需要一本这方面的书来说明，因此，不适合在这里对其进行深入探讨。这里需要树立的观点是，排除任何疑惑的可能性是极其严格的知识定义的一部分，我们不得不接受这种为大家所熟知的要求。对知识比较不严苛的解释为科学的、历史的、日常经验的以及其他缺乏确定性的知识形式留有可能性。其中的一些主张认为，知者若想主张某个命题为真，其就必须有好的依据，或者充足的证据（参见第 3 章）。在知识论的文献中，关于这个条件自身是否被过度限定仍存在诸多问题，但是，至少我们有理由认为，地理和历史能够适当地传递知识，它们能做到这一点。

这仍旧有问题：学校把重心放在理论性思考而非实践性思考上的做法合理吗？为什么认为追求真理特别有价值呢？

110 为了进一步探讨这个问题，我们需要走进伦理学而不是心理学，最好找一本关于教育目的的书，而不是儿童心灵的书。虽然我在这里不探讨这个问题，但是为读者指明方向也是有用的。

儿童思考真理有两种可能的原因。第一种是因真理自身之故。第二种是达到真理之外的目标。

第一种原因存在问题。正是由于教师赋予无节制地追求科学或地理方面的真理极高的价值（我们其实不允许教师把自己的价值观强加给儿童），导致他们的兴趣完全不同。就合理性而言，他们现在所能做的，是向学生揭示这类价值观，以防一些学生在某个时刻要用到它。

第二种原因——外部论证——体现在诸如学生被教会用科学的知识来思考治理污染的政策或者从历史的角度思考民主社会中公民的要素方面。在此，理论性思考的原理被用于更为广阔的实践性思考领域。我们已经看到，实践性推理依赖于理论性推理，这是因为对将要做的事情的思考依赖于对什么是事实的思考。仔细思考把票投给谁的公民，需要思考政党过去的成绩和其值得信赖的证据。决定从事哪种职业的年轻人，需要对一些领域进行大量的理论性思考，才能知道哪个是可以实现的选择。

第二种原因有助于学校鼓励实践性思考。在学校外面的世界，实践性思考在我们生活中无处不在。我们需要仔细思考我们要从事什么职业、我们与他人的关系、我们面临的道德约束、我们的业余活动、我们的节日、经营一个家庭、税务安排、每天的时间安排。作为公民，我们需要思考给谁投票，公共服务的私营化应该走多远、如何阻止他人犯罪以及其他许多问题。如果教育政策允许的话，学校能够让我们为此做好准备，学校对此能做出巨大的贡献。

但是，学校必须要小心，不要仅仅培养学生的小聪明。它是实践性推理的截面，受到信贷行业和其他商业领域的赞誉。它完全是和用最有效的手段达到目标有关（但毫不质疑目标本身的价值）。有时候，它也被叫作“智力”（参见第 5 章）。实践性推理要包括而且要超越“小聪明”或者智 111
力，进而，反思目标本身的价值以及当不同目标冲突时（我们的目标常常如此），何者应该优先。学校不应该拘泥于工具性的、较为局限的实践性推理，而是要帮助学生思考目的和手段。

对沉思的几点主张

在当代，沉思为在学校争得一席之地而奋斗。其主要的课程载体是宗教研究和各类艺术，其中包括文学，至少在英国是如此。甚至在这里，这两个领域的大部分研究是致力于其他事情：就宗教研究而言，是事实性材料；就文学和其他艺术而言，是进行批判性评价、制作艺术品、表演。

我们是否需要更多地强调沉思？这个问题又把我们带到比较宽泛的问题——关于合适的教育目标的问题。

稍微早一点的观点与此相关。意向的对象或许存在，或许不存在。我们能够思考纸杯蛋糕，它是存在的，我们也能思考小仙子，它是不存在的。父母或者教师的一部分任务在于让年幼的儿童摒除对不存在的现象的想法，比如邪恶的鬼魂或者狼人。但是，并不完全是这样，因为这也会让儿童感到气馁，阻碍他们享受阅读《托马斯小火车》(*Thomas the Tank Engine*)[1]或者《大卫·科波菲尔》(*David Copperfield*)的愉悦。

宗教教育中的沉思部分应该如何被想象出来？譬如，如果上帝不存在，在祷告中思考上帝或者进行冥想，就是在思考虚构的实体(entity)[2]。在日益变得世俗的社会中，把宗教的沉思等同于大脑想象出来的人，比如日瓦戈医生或者浮士德(Faust)，这样的时刻会到来吗？

至少通过各种艺术，我们更加明白这种现象。我们不怀疑，那里有某种让学生细想的东西，即使有时它是人故意虚构出来的，如日瓦戈医生。更一般地说，沉思的对象是一件艺术作品——一段乐曲、一幅画、一座雕像、一幢建筑、一段舞蹈、一首诗、一部戏、一本小说。

从事艺术工作的愉悦在于自由地留心，一会儿留心这个或者那个细节，一会儿留心于所有部分所构成的整体。这种从容不迫的观看、倾听、
112 推敲花费时间——在我们按时间分配活动的学校中，它是稀缺品。学校应该为这类事情创造更多的空间吗？尤其是让学生自由选择要阅读的文学作品，不用被迫去写任何批判性的评论？

沉思超越了各种艺术，专注于自然世界的美与崇高，它也包括从整体上考量存在的神秘。对于多数俗世中的人来说，这取代了他们对上帝的沉思。学校如何最大限度地促进这种思考呢？

---

① 这是英国的一套面向儿童的书。——译者注

② 英文的“substance”与“entity”在中文中都被译为实体。“substance”通常指物质、物体的本质，它具有时空性，并且不会随着环境的变化而改变；而“entity”则较为抽象，它来自古拉丁语，常用来表示任何独立存在的东西，这些东西不一定具有物质性，如数字、精神、语言等。——译者注

符号思考与身体语言

在运动和其他的身体活动中，如烹饪或者木工活，学会思考不局限于实践性推理。符号认知也加入进来——看到反向标志，就知道要改变方向了；看到汤的状况，就知道水要开了；看到一块木头的纹理，就会想到按照纹理轮廓切割的问题。

符号认知的领域超越了课程活动。符号认知是语言学习之本。婴儿在理解“爸爸”这个词的内涵——爸爸是一个男性，是一个亲人，我是这个人的女儿，等等——之前，她就听到“爸爸”这个词的音，这是一种符号——与她有关系的人，例如，这个人想与她玩，或者想抱她。除非我们最先听到作为声音的词具有含义，否则就难以理解我们如何学会语言。就我们对非言语的“身体语言”的反应而言，符号认知也是核心。伴随着焦虑，我们下意识的反应是皱眉；伴随着同情与关注，我们的反应是紧锁眉头；学会感知非言语符号——愤怒、自大、虚伪、爱或者欲望——并对其做出适当的反应，是成为社会性生物的核心，也是学会成为人的核心。大部分情况下，在我们的家人抚养我们的过程中以及家庭之外，我们自发地掌握了它们。但是，在这点上，有些人比别人更需要帮助；在一些难处理的情形中，需要审慎的教育。

结论

教儿童思考比教他们如何对论证进行思考要早得多。它开始于符号认知形式的摇篮，早于儿童能够评估理由。它不仅包括推理，还包括沉思和身体技能所需要的思考。在涉及推理之处，在一些理论领域或者实践领域教儿童如何推理不等于教他们对推理进行推理，虽然这点在一些情况中很重要。 113

小结与要点

思考是一个模糊的术语，它涵盖了信念（参见第 3 章）和作为一种活动的思考。这一章的主题是活动意义上的儿童的思考。

思考活动有许多类型。理论性的或者实践性的推理只是一种方式。沉思者也是思考者；思考中的儿童——儿童在打网球时，她对自己正在做什么的思考——也是如此。思考是一种有指向的心灵现象（参见第 1 章），是一种导向目标的活动，涉及概念的使用（参见第 2 章）。它也能被概括为一项技能或一组技能，其能通过实践得到发展（这一点与第 5 章的智力有联系）。

如今，存在普遍的思考技能的主张再度流行，学校正被鼓励着去教授这些技能。这些所谓的技能是推理的技能，有人认为它们可以被广泛地迁移到不同的领域。虽然这种主张很吸引人，但是它存在问题。更具体的主张，如思考技能最好由形式逻辑来促进，也是如此。

在教育中，儿童实践性推理应该得到更多的重视，而如今，教育者把更多的重心放在理论性推理上，尤其是放在比较抽象的推理形式上（参见第 1 章中传统上关于心灵和抽象思考之间的紧密联系的论述）。我同时也对沉思和符号认知的培养进行了评论。

拓展阅读

赖尔关于思考这个概念的论文被收进他本人所写的《论思考》（*On Thinking*）一书，该书 1979 年由罗曼与利特菲尔德（Roman and Littlefield）出版。至于最新的讨论，参见麦金《心灵的品性》一书的第四、九章，肯尼《心灵的形而上学》第九章，以及格滕普兰编写的《心灵哲学手册》中的导言《论思想》(On Thought)。

施拉格（ F. Schrag ）在 1988 年由劳特里奇出版的《学校和社会中的思考》(*Thinking in School and Society* ）这本书中，从教育角度对思考的角色和一般的思考技能进行了充分的讨论，这部分讨论很好。约翰逊（ S. Johnson ）在《思考技能的教授》(The Teaching of Thinking Skills ）这篇文章中对教育中普遍的思考技能进行了更为深入的批判，该文刊登在英国 114
教育哲学学会《影响力》(*Impact* ）杂志的第 9 期上。在教育的优先顺序中，理论理性附属于实践理性，这方面的分析可参见我的《教育和美好生活》一书，尤其是这本书第七章的内容。若是想看相反的观点，请参见林格（ C. Wringe ）的《理解教育目标》(*Understanding Educational Aims* ）一书。关于实践推理，也请参见麦金太尔的《依赖性的理性动物》一书的第八、九章。麦金太尔受到亚里士多德的《尼各马可伦理学》的启发，当代其他哲学家对这个问题感兴趣也是受亚里士多德的启发。

115

第 7 章　想象力与创造力

我现在要谈的问题，对于许多父母和教师来说，是教育的“心脏”——鼓励儿童发挥想象力①和进行创造性活动。

我们要面对的第一个任务是对这个问题所涉及的内容有清楚的了解。到了要用斧子的时候了（machete time）②。关于创造力和想象力的文献汗牛充栋，因此，我们需要找到一条穿过它们的小路。

这一章不是要引领我们探讨神秘的想象力的能力及其在教育中的地位等问题，这一章想要证明没有这样的事情存在。

想象力

在 19 世纪，教育家和心理学家普遍把想象力看作独立于心灵的能力，他们对记忆、感知觉、推理、意愿等的认识也是如此。教育的任务就是加强这些力量。按照一种说法，教育应该“抑制同时又激发人的想象力”。训练心灵的官能类似于训练身体的肌肉，目的是发展人的力量，避免人

① 在翻译与“image”有关的词语时，中文中有想象与想像这两个术语，译者比较倾向于使用想象。“象”可以泛指事物的样子，而“像”则是比照人或物形成的作品，如画像、塑像等。因此，我把书中的“imagination”“imagining”“imaginative”等词语都翻译为与“想象”有关的术语，而对于“image”“imaging”则采用与“像”有关的术语，因为它们是比照对象所形成的作品。——译者注

② 目前已有许多关于想象力和创造力的文献，作者把这些文献比作“丛林”，他说“到了要用斧子的时候了”，大意是要用“斧子”来“披荆斩棘”，开辟出一条道路。——译者注

软弱。

那个时代的人认为，不同的课程可以发展人不同的力量。代数发展人的推理能力而几何发展人的感知能力，历史、艺术、科学、力学，都发挥一种作用，即加强人的想象力。与其他能力一样，这种能力也能被用于学校课堂之外的生活事务上。对这类能力的训练是可迁移的（Selleck，1968，pp.46–47）。

这就是当时的理论，其余音存在于整个20世纪，至今在某些地方仍依稀可闻。但是，这种理论不符合事实。诚然，不是所有人都主张一些心灵的能力与想象力相关，也不是所有人都主张一些课程活动与一些心灵的能力的联系比较紧密，与另外一些心灵的能力的联系则没那么紧密。有诸多心灵能力，同时，也有诸多课程活动运用这些能力。 116

相反，这个理论的问题在于太过简单。它有一个一元论假设，即想象力是一种东西，是单一的能力。恰恰相反。在此，有许多东西在发挥作用，有许多的绳结要解开。

在心灵的眼睛[①]里和鼻子里？

如果我们让一个孩子想象白金汉宫，他可能会在“脑海”中“看到”它——壮丽的外观、庭院、横栏、站岗的戴熊皮高帽的士兵。这个孩子所做的是形成心像，在这个例子中它是视觉想像。心像不需要刻意地形成，视觉想像也是如此。

某个人有可能忽然进行想象。由于某种原因，南安栈桥或者贝克汉姆（D. Beckham）的脸庞不经意地在他的心灵中闪过。睡觉或做梦时，我们常常有这样的经历。还有些时候，就像在白金汉宫的例子中那样，映像是

① The mind's eyes，这个短语指的是一种能力，即在心灵中构造出事件（无论是过去真实发生的还是虚构的）场面的能力，就好像亲临现场看到一样。因而，这个词与想象力、记忆相关。这个短语源自英国著名诗人乔叟（Chaucer），莎士比亚在《哈姆雷特》中也使用过，由此盛行。——译者注

我们主动形成的，而非碰巧形成的。

当我在大脑中听到辛纳屈（F. Sinatra）演唱的《我的路》（*My Way*）这首歌，我的想像就不是视觉的，而是听觉的。我也能够有嗅觉想像，如闻到家具的漆味；也可以有味觉想像，如尝到猕猴桃的味道。所有这些都表明，想像与感知觉之间有某种关联。

是什么样的关联呢？当一名儿童在心灵中“看”一位当红明星的面容，她是真的在心灵中看到了某种画面吗？明星的想像的特征与其照片的特征大体一致。但是，如果这名儿童看见照片，她所感知的对象本身就存在。当这名儿童不看照片时，她之前所感知的对象继续存在。但是，想像好像只存在于她的心灵中。

想像不是真的图画，但是它具有类似感知觉的特征。女孩无法想象出明星的面庞，除非她在媒体中看过其照片。她无法有大黄（rhubarb）的味道的想像，如果她没有吃过它。如果她梦到了一只动物——一只鹅，像房子那么大，有鳄鱼的头——的想像，那么，怎么办呢？事实上，她不可能看到这样的生物，但是除非她见过她在想象这只动物时用到的元素，否则我们很难知道她如何有这个想像。的确，想像似乎真的依赖于先前的感知觉。

117 如果想像不是感知觉的一种形式（虽然它以上面所描述的方式与感知觉有联系），那么，我们如何思考想像？我们能够利用前面章节的任何材料吗？

这似乎需要概括的力量。儿童不能形象化地看到歌手的脸，除非她有脸的概念；或者，她不能想象出蒜的味道，除非她有蒜的味道的概念。目前为止，我们所说过的也是真实的感知觉——视觉与嗅觉。似乎个体的映像依赖于其拥有某种概念，只是因为原初的感知觉——人所形成的映像以此为根基——也需要拥有概念。

想像实际上是一种思考的形式。就像其他思考形式一样，它能够被引导，就像白金汉宫中的情形，或者它不能被引导，就像梦中的情形。在被引导的想像中，我们形成某物的想像，这个时候，我们的思考集中在物体上，也就是说，对象可能存在，也可能不存在，例如白金汉宫或者长着鳄鱼头的鹅。我们用概念——就像刚刚提到的那些概念——思考对象。

在第6章所描述的各种思考类型中，想像是不是更贴近沉思，而不是推理？如果我们把它等同于在心灵中看见画面，那就似乎是这样。就好像在画廊中，我们因画自身之故而看画，这与小女孩想象歌手的脸不一样吗？

我们已经看出了这里的难处。儿童正在沉思的东西不是想像，而是想像所代表的那个人本身。她在想那个人。在这个案例中，她通过想像这样做，就好像在另外一种情形中，通过一张照片，她可能沉迷于那个迷人之处。

现在，想像似乎更像是思考的载体，而非思考的对象，似乎没有特别的原因把想像与沉思（而非推理）联系在一起。想像也极有可能成为推理。如果一名儿童正在思考她如何花零花钱，在思考的过程中，她可能构思出画面，或者小糖豆的味道。在理论性推理而非实践性推理中，一名正在做几何题的学生可能有把三角形一分为二的想像。

要是……？

一名5岁的儿童用手头昂贵的衣服打扮自己，想象自己是一名公主。这种情况是想像吗？

可能是的。当她漫步在花园小径，她在心灵之眼中可能看见了童话故事中的公主。但是，她一定需要这样的经历吗？

我们作为观察者，有理由认为她把自己想象为公主，即使我们没有证据来说她在自己的心灵之眼中看见了什么。我们从她的举止、穿着、自言自语中知道她把自己想象为公主。我们面对的是想象的情形，但是这可能与想像无关。 118

那么，当小女孩把自己想象为公主时，她在做什么？她假设自己是公主。当然，她并不是真相信自己是公主。她越过了她的信念，而进入了假装状态。

我来举另外一个例子。福克（P. Falk）这位演员在电视剧中扮演了跌跌撞撞的侦探科伦坡（Colombo）。为此，他必须运用自己的想象力——想象这种性格的人会是什么样子。想象再一次使他的思考超越了信念。

我们面对的是有别于想像的某类思考——主体思考某种情形（“我是公主”“我是一名浑浑噩噩的侦探”），并且，这种情形还不是他或者她所相信的。

这两个例子都与角色扮演有关。但是，举一个历史学家或者科学家思考的例子，他们形成假设框架去解释他们的资料。假设，一名历史学家阐明，“一战”期间，英国的将军可能不是大家通常所描绘的“笨驴”，而是在困难的情况下尽了自己最大的努力。这最初是一种推断、一种猜测。她还没相信它。一旦她检验了这个假设，而且她所积累的证据支持这个假设时，这个假设就成了信念。

迄今为止，所有这些例子都与教育有关——与童年早期的玩要、戏剧、科学、历史有关。稍后我还会回到这一点，也会回到想象的另一个有趣的教育情形——通常被称为共情的想象力。这是我们“设身处地”想象失去父母会是什么样，或者加勒比地区的飓风的受害者会是什么样时会进行的思考。我们不相信自己遭遇了这些情形，但是，我们的思考被引向“如果我们是当事人，我们会感受到什么或思考什么”。（虽然它被称作共情的想象力，但是，移情的想象力这个名称可能更好。迫害者能够非常彻底地想象出被迫害者所感觉到的恐惧，但是，前者对后者却没有任何的同情。）

更宽泛地说，这种类型的想象力——假设——在人类生活中很重要，
119 因为它带领我们跨越现实，进入可能的领域。它让我们能进行推测，让我们拥抱另外一种境遇，让我们跳出对自身的关注，体会别人的心声。在开放多元、迅速变化的社会中，这些能力尤为重要。

在这个意义上，想象力不能与想像混为一谈。当我们进行假想或者猜

想的时候，我们可能会形成想像，也可能不会形成想像。如果一名男孩不得已与生病的朋友分开，他会很好地想象出这种情形——他的朋友躺在医院的病床上，与此同时，他的心里涌起他朋友的感受。但是，如果他真与朋友在一起，他几乎肯定不会形成他朋友的想像，即使他仍旧能够想象出他的朋友正在经历的事情。

与此类似，没有假想，想像也可能存在。如果我形象化地看到如下情形——我想要放在自助餐桌上的干奶酪，那么，我通常就不会同时假设我正在看着干奶酪。在后一种情形中，我是我思考的对象的一部分，不过，想像的对象恰好是干奶酪，而不是我自己。

开辟新天地

科学家提出假设。有时候，他们的假设真的开辟出新天地——如达尔文的自然选择的进化理论。我们因此称科学家的研究是富有想象力的。诗人和其他艺术家也能够富有想象力，他们的作品也展示出了原创性。芸芸众生也是如此——他们用不同寻常的方法解决了房屋的问题或者自己在人际关系中遇到的问题。

丰富的想象力需要超越预期的或者常规的方式。这可能是万众瞩目的方式，如达尔文或者歌德；也可能是比较朴实无华的方式，如前面所举的最后两个例子。丰富的想象力关乎程度。但是，它不只是超乎寻常预期之事。非常粗俗之人或者疯子也能做出超乎寻常的举动，但是，这样做并没有让他们丰富想象力。我们必须加上这个条件，即，人们所生产出来的——人们所想出的原创性的思想、理论、协奏曲、十四行诗——保持在恰如其分的范围之内。达尔文的理论名副其实，因为他的理论符合已知的事实，并且对这些事实提出了一种可能的解释。移动电话的发明者过去不得不进行某种修订，以让交流发生。

丰富的想象力这个概念有别于想象力的其他两个主要的概念。想像不需要人丰富的想象力。形象化地看到歌手的脸是千亿人都能做到的事情，

它不需要原创性。假想不需要人丰富的想象力。毫无灵感的业余演员能够
120 想象自己是《红男绿女》（*Guys and Dolls*）中的马斯特森（S. Masterson）。当我们自己作为道德主体，设身处地地考虑他人的处境，这不是原创性所必需的，这是忠实于他人的感受。

与其他两个概念不同，丰富的想象力不是一种思考形式。它与思考活动无关，与思考的结果有关（参见第6章）。达尔文的理论富于想象力，贝多芬的乐章、普希金的诗歌、国际象棋中的一步妙棋、电子邮件的发明，都是如此。我们也把做出这些事情的人称为有丰富的想象力的。有时候，丰富的想象的事物是一件丰富的想象力的特殊成就，而有时候，它们常常产生原创性的作品。

教师和父母认为鼓励孩子发挥想象力很重要，这是正确的。我们在下一节中也会看到它对教育的意义。

发挥（各种）想象力

父母和教师如何培养儿童的想象力？如果在上一节中把打结的思想理顺了，那么，想象力不是一种单一的能力。的确，如果不从我们刚才区分的这三个概念开始，就很难明白我们如何回答这个问题。现在，通过它们通常的名称，我们再次认识它们。

想像

想像是一种自然的能力，不需要教。然而，教育者唤起儿童的想像，并且采用各种各样的方法发展儿童的想像力。

在教室中是如此，在家中也是如此。教师和父母必须激励儿童，让儿童做事情。给儿童呈现具体的感官上的材料是一种好的方式，能够吸引儿童的注意力和他们的意愿。告诉一个小男孩“当我们到奶奶家后，我们都

会去公园，然后喂鸟”后，如果这个男孩在他的心灵中呈现了上一次去公园时听到鸟叫、看到鸟扇动大翅膀的情形，而他又正好想再去一次公园，那么，这就是一种有效的方式。任何科目的教师都能够使用唤起想像的扳机。

在一些科目中，想像也具有实质性的特征。就文学而言，想像是人必须具备的能力。没有这种能力，我们就与大多数诗歌和小说绝缘。如果学生不能形象化地看到在波涛汹涌的海面上的老水手，或者不能看到博罗季诺战役中的别祖霍夫（P. Bezukhov），那么，他们就很难明白这些作品中的内容意味着什么。文学教师不教想像。他们把想像留给作者的写作技巧，它会唤醒想像。 121

想像既要求先前相关的感觉经验，也要求概念的应用。学生不需要在没有水的情况下在热带地区的海上开过船，也能想象出柯勒律治（Coleridge）笔下的水手的画面，但是，她需要有炎热的经验、无垠的海面的经验、口渴的经验。一些文学作品的想象可能暂时高于学生，因为他们缺乏必备的理解。父母和教师用文学滋养儿童，不仅能够激发而且也能够发展儿童的意象能力。只有当学生对贵族、国家之间的战争、军官和其他军衔、炮火、步兵、刺刀的用途等概念有所领悟时，皮耶尔在博罗季诺战役中的经历才会栩栩如生。

对于学习文学的学生来说，想像是基本的，不是可替换为其他目标的手段。在学校的其他科目中，想像的力量显然有用，但是，它是不可或缺的吗？解出几何问题的人可能形象化地看到对三角形问题的解答，但是，假如出于某种原因，她的意象能力很弱。她在教材中的图示和她自己的建构的支持下，仅靠命题式的推理能走多远呢？除了地图、照片、胶片、文字推理，地理学家还需要依赖其他东西吗？

假想

假想高于信念。与想像不同，它不是我们与生俱来的一种能力。我们先天所具有的是相信事物的秉性（参见第 3 章），这是内在于我们的所是，其他一些动物也一样。这在动物的符号认知能力这一点上是很明显的。例如，鹿看到一只老虎，它是危险和需要跑开的符号。后天学习到的信念得到先天所信之物的支持，才能得以构建，就好像一只猫把人从抽屉里取出开罐器看作食物要到来的迹象。

人类也大同小异。我们自发的情感和欲望中也有信念的部分，例如对巨大的声响感到害怕，认为它与威胁联系在一起。（对情感与信念之间的关联的更多讨论内容，参见第 9 章。）符号认知以及经由语言而很快掌握概念，使儿童进入掌握巨大的信念之网——关于他们所居住的世界——的进程中。

122 我们天生就是相信者，但是，我们需要学习如何在假想的意义上进行想象。除非我们被引进假想的门，否则，我们仍会被困在现实之中，不能脱身。我们能思考事实性的问题，却无法思考可能性的问题。据我们所知，人不同于动物，就在于人能够用这种方式思考问题。这种能力使得人规划未来，运用洞察力与他人在思想与情感层面进行互动，建立诸如科学和历史的知识大厦。它是文明的来源。

我们能力的秘密必定在于我们拥有概念化的能力。在不止一个概念之下，我们能够看见或者思考相同的现象。这本身不会使我们脱离现实，因为诸多概念都能适用于相同的现象。我们把一个对象看作赤蛱蝶（一种蝴蝶）。但是，有时候我们的概念不符合现实。一方面，我们可能会犯错。我们叫某物赤蛱蝶，而它实际上是孔雀。但是，有时候，我们通过使用一个与事实不符的概念——没犯任何错误——来发挥我们运用多个概念的能力，我们可能出于各种各样的原因这样做。

年幼的儿童最初被引入这种类型的思考活动。他们的父母有意识地吸引他们的注意力，让他们注意到多种概念适用于同一个事物，首先强化正确地运用概念与错误地运用概念之间的区别。你拿着一只玩具熊时可能会说："多么可爱的大象！"儿童立刻明白，你是在逗她玩。刚开始的时候，她也许朦胧地把它理解成这不是你会犯的傻傻的错误，而是你故意说错话。她逐渐开始明白，人具有某种自由，能够用各种各样的名字——这些名字与事物不符——来称呼事物，于是，很快，她自己也开始这做。进而拥有自由。

这种经验不仅是发展想象力，也是发展幽默感的温床，大部分幽默感源于用不同的方式表现同一件事物。

它们也有助于塑造儿童对权威的感知。如果父母和教师仅仅把自己局限在传递信念上——希望其所传递的是真实的信念，不过，常常并不是如此，那么儿童在认知上将总是处于附属地位，从权威人物那里学习。把泰迪熊叫作大象的父母，他们这样做也许是无意识的，但是却使得儿童认为，也许妈妈并不总是知道得最多。女儿开始意识到，在她生命的一个领域中，正如她学会了玩游戏，她是能够与成年人完全一致的。假想的源头也是脱离监护的源头，甚至是基于尊重的平等、民主品性本身的源头。 123

如我们所见，思考总体上关乎意向对象——它可能存在，也可能不存在。后一个特征正是假想的根源。一旦儿童开始习惯于把玩“这是一头大象”这样的想法，那么，她就进入了一系列其他的想象之中。其中，她开始使用非现实的概念。就像她随意地把熊叫作大象，她同样随意地把自己看作公主或者太空人。父母鼓励她设身处地考虑他人，那么，她也会思考，如果她被粗鲁地推开，会是什么情形，或者如果她丢失了心爱的玩具，会是什么情形。所有这些都使得她可以很好地享受电影和故事，因为她现在能够开始与灰姑娘（Cinderella）和小鹿斑比（Bambi）拥有同样的感受。

随着年龄的增长，她对自我的想象会变得极为不同，而且会更加现实。她会发展出自我这一概念，就好像她确实会成为一名教师、一名科学家、一位和善的人、一位成功人士。甚至当她还年幼的时候，她仍会对她的未来——尽管是眼前的未来，做同样的思考。她的母亲让她做选择：“我们今天下午要做什么？我们要去广场上荡秋千还是喂鸭子？”儿童必须考虑这两件非现实的事情，假想她现在正坐在旋转木马上旋转，假想她正看着鸭子追着她，因为她手里拿着面包。

假想层面上的想象在她的生活中无处不在。她的父母塑造它，让它朝向他们所渴求的目标。儿童被允许或被鼓励着把自己想象成公主，而不是机枪手。她也得知，在某些时间和地方可以把自己想象成公主。她被鼓励设身处地地为他人着想，为此，她受到赞扬。她如果不这么做，就会被一再唠叨。她被引入故事中，不过不会是让她感到害怕的故事。如果她经常随心所欲地幻想，她的父母就会取笑她，让她走出幻想。

她的许多假想的经历与其想像的经历紧密地交织在一起。当她听灰姑娘的故事时，或者当她想是去公园还是去池塘时，或者当她对她的娃娃感到抱歉——因为她伤到了娃娃的头时，这两种想象的能力极有可能同时出现。当对心灵做哲学思考时，对这两种现象分别进行分析，是很重要的，但是，我们应该记住，从心理学上讲，它们常一起出现。

124 一旦她上了小学和初中，学校对她的假想能力会有进一步的要求。随着她理解力的增长，她对他人、文学作品中的人物会有更深的、更广的移情。戏剧课和艺术课上的练习会召唤并且发展她对于艺术作品的理解力。在课程中用母语尝试进行创造性写作，也是如此。在科学、数学、地理和历史中，她逐渐学到假设这个概念，并且会运用这个概念。

的确，在历史和诸如人文地理这样的社会科学中，她会再一次遇到假想形式。她不仅被引入其他人的假设中，而且，也被鼓励自己形成假设，不过，由于她所探究的对象是人类而不是原子或者基因，她也需要唤起自己的移情式的想象力。

她所受到的个人与社会教育和职业教育，无论是正规的还是不正规的，都会鼓励她思考自己的另外一种未来——关于她自己、她所处的社会和世界。在她的大部分学习中（包括假想在内），这种类型的思考会是更大的推理过程——在历史和科学中，是理论性推理，在生活伦理道德教育中，是实践性推理——的一部分，于此，不同的背景、假设和可能性被严格检验。在她的其他课程中，尤其在文学课、视觉艺术课上，假想在沉思活动中得到体现。

无须多言，上面对学校教育简短的论述是理想化的。世界上仍有许多学校，有葛莱恩式的学究教师和葛莱恩式的政策制定者，他们只对事实有耐心，而对想象力没有耐心。

想象力作为一种理想，尤其得到了狄更斯的支持。尽管如此，在学校教育中给予想象力更加重要的地位的呼吁需要正当的理由。这再次带领我们进入教育目标和伦理价值领域。绕过对这个问题的完整处理，我们至少能说，如果标准的课程活动——如上面所提到的：文学、戏剧、艺术、创造性写作、科学、数学、历史、地理、个人与社会教育、职业教育与公民课——本身依照比较宽泛的、可取的目标和价值是正当的，那么，目前以上学科所需要的想象力的操练和培养，也要是正当的。

丰富的想象力 125

与想像和假想不同，丰富的想象力不涉及思考。当然，它**依赖于**各种类型的思考，有时也包括刚才提到的两种类型的思考，不过，这是完全不同的事情。丰富的想象力这个术语被用于思考的结果，而不是思考活动。我们称人们而非各种理论、建议、艺术作品富有想象力，这是因为他们成功地创造出拥有丰富的想象力的事物，还可能是因为他们被期待将来创造拥有丰富的想象力的事物。

如果结果超越了常规的预期，但是在适当的范围内，这个结果——其中可能包括观念——是富有想象力的。仅仅是非常规的或者奇怪的新奇的，不一定是丰富的想象力的产物：它可能是疯狂的结果，可能是炫耀或者是骗局。什么算得上是适当的，这取决于被谈论的领域。富有想象力的科学理论必须是原创性的，对于当前理论视角中的已知的事实，它提供了另外一种解释。就文案而言，富有想象力在一定程度上就是设计一则抓住观众注意力的广告。

丰富的想象力也具有不同的程度。有些对常规的偏离是惊天动地的，而有些则是微不足道的。达尔文、塞尚、弗洛伊德都拥有丰富的想象力，但是，那些对下周去哪里提出了新观点的人也是拥有丰富的想象力的。

这些提醒有助于我们确定丰富的想象力在教育中的地位。我们从惊天动地的想象结果开始。让学生了解过去取得突破性成果的人——牛顿与伽利略、乔托与特纳、莎士比亚与陀思妥耶夫斯基——的作品，理由显而易见。学生不仅要了解艺术和科学领域的成就，而且要了解发明方面的成就（蒸汽机、电视机、计算机）、城镇规划方面的成就、政治理念方面的成就、政治体系方面的成就。正如最后一类例子所表明的，丰富的想象力不总是受人欢迎的。它可能会被用于不良目的。

把学生引入丰富的想象力的典范，其理由是多种多样的。有时候，它是进入一门学科或艺术的过程的内在部分。一个人物理学得很好，但没有听说过牛顿，这怎么可能？或者一个人英国文学学得很好，但没有读过华
126 兹华斯的作品，这怎么可能？或者一个人知晓 20 世纪的历史，但不熟悉甘地，这怎么可能？深层次的理由是，其与对人性本身的理解有关，尤其是与人性可能达到的最高点与最低点有关。

教育也会让学生意识到更加普通的丰富的想象力。如果学生理解他们所在社会的运作方式是件好事，那么，这必定包括对广告文案的写作者所做的活动的理解。重申一下，丰富的想象力不是理所当然地总是受到赞扬。儿童要学会区分什么时候丰富的想象力是大家想要的，什么时候是大家不想要的。

这仍与家庭有密切关系——其更多的是家庭而不是学校教育职责范围内的事情——日常生活中富有想象力的思想和行为方面的例子，不胜枚举。譬如，睿智的爷爷看到了人际关系问题的解决之道，其他人却看不透。或者，妈妈用毫不起眼的食材做了顿不同寻常的美味。儿童目睹一些人尤其富有想象力，而另外一些人却似乎落入窠臼。并不是年幼的儿童被

引入用任何分析的或者哲学的方式来看待这些事情。这是后面的事，就算被引入，也是后面的事情。

用何种方式能让学生富有想象力的素质得到发展？（我们理所当然地认为，这是大家都想要的方向）传统的观点倾向于各类艺术教育。但是，这是一种误导。丰富的想象力是许多学术和非学术性工作的特征，它并不特别地与美学方面的事宜有关。只有把不同意义上的“想象力”综合在一起，把艺术单独划分出来才是可行的。我想，至少有些艺术，如诗歌，与想象有关。有些艺术也与移情式的想象力有关，如小说和戏剧。这些类型的想象力既不是必然会出现在科学中，也不是必然会出现在其他领域中。

丰富的想象力具有不同的种类，这取决于不同的领域。爱因斯坦与彼得大帝具有共同的地方，即打破了看待事物的常规方式，但是他们的相似性到此为止。如果学生会成为富有想象力的物理学家，而不是城镇规划师，他们就需要在物理学方面具有扎实的基础。为了打破常规，用原创的方式看待事物，他们必须至少知道常规是什么样子。如果爱因斯坦不熟知牛顿，他就不能超越牛顿。

对一个领域的扎实的基础是富于想象的基本。但是，这还不够。许多 127
有能力的哲学家、数学家熟知自己的领域，但是缺少原创性。教师要做什么才能让学生富有想象力？

丰富的想象力有程度上的差异。如果我们谈论的是惊天动地的变化，似乎超出了教师的能力范围。仅仅通过教学，如何确保能培养出莫扎特或者普希金？有任何东西能够确保这一点吗？

教师至少能够使大部分学生富有想象力，有这种可能性吗？在这点上也有困难。因为只要我们相信我们发现了能确保这一点的某种“公式”，那么，在原则上许多学生会拥有丰富的想象力。假设每年有 10 万名学生成功地通过了创意学院的科学考试，为什么我们应该认为他们都有可能做出令人震惊的突破或者发现？

不是每一个原创性成果——至今在世界上还没有——都是惊天动地

的。想想第一个想到土豆削皮器的人或者第一个把爆米花裹上蜂蜜的人，或者一名历史学者对19世纪内阁部长鲜为人知的辞职原因提出了合理的假设，或者任何一名博士生在很微小的层面有了新的突破。

教师鼓励这种低层次的想象力吗？教师至少还能吸引学生注意到他人在一个领域中所做的富有想象力的工作，赞誉学生所提出的更加具有原创性的观点。丰富的想象力也可能被人心理上的障碍所阻碍，教师和心理学家能够帮助消除这种障碍。如果有人固执地认为自己完全是个循规蹈矩之人，那么，在缺少帮助的情况下，他超越常规的可能性非常小。

迄今为止，我们所谈论的原创性的种类与结果有关——在世界历史上是新的东西。这就是教育者不能有所作为的一个原因。然而，在一种意义上，年幼的儿童也能够具有原创性——创造超越常规的结果，这一结果对他们自己来说是新的，即使其在更加绝对的意义上不是新的。

只记下日常生活琐事的儿童突然开始写关于某个被荒废了的岛屿的小说。有些人对家庭外出活动或者班集体活动有绝妙的主意。教师和父母能做些什么来鼓励这种儿童发挥想象力呢？先前所提出的建议在这里也有意义：树立典型、鼓励、消除心理上的障碍。

128

创造力与教育：一点说明

创造力是我们文化中的标志性要素。在艺术、商业、广告、科学中，它都受到赞誉，在教育界，它尤其受到重视。自从1957年苏联发射第一颗人造卫星后，美国受到震撼，创造力在美国开始声名鹊起。若当时的美国想要赶上苏联，那么，年轻的科学家和工程师的创造潜力就要被释放出来。

但是，在苏联发射第一颗人造卫星之前，开发儿童的创造力就一直是以儿童为中心的思想或者进步主义思想的主题。这个主题有段时间与这些观念有关，即清除儿童潜力发展的心理障碍，尤其是那些没有被意识到的心理障碍。人们相信，一旦这些障碍被清除，儿童全部的创造力就会被释放出来。

在 21 世纪初，人们对创造力的兴趣仍十分浓厚。在 1999 年，英国国家创造力与文化教育顾问委员会发布了《我们所有的未来：创造力、文化与教育》（All Our Futures：Creativity, Culture and Education）报告。创造性思考的技能成为 2000 年后英格兰和威尔士的国家课程的特征。

但是，什么是创造力呢？

在想象力的章节之后，没有必要再费力地指出它不是一种东西。创造力长久以来与诸多艺术有关。创造性的活动常与课程的美学部分相关，尤其与视觉艺术有关，也与创造性的写作和音乐有关。但是，这如何与对苏联发射的第一颗人造卫星的反应画上等号？因为其与艺术无关，而是与科学和科技有关。

我们之前在考察想象力时，也谈到了这些问题。它同样也普遍地与诸多艺术相关。同样的反例，科学和其他非美学的领域也在其中。

我们需要理顺几个部分。这个术语的一层意思是，创造某物基本上是制造某物。有人说，上帝创造了世界。艺术家是创造者，因为他们也是制造者。他们制造了对象——画作、交响乐、诗歌，这些对象能让我们陷入沉思。

这个术语的另外一层意思是，我们在谈论有创造性的科学家、数学家、广告商或者经理。使得人们有创造性的不是他们制造了某物，而是他们提出了具有原创性的观点。他们打破了常规的视角，用新的视角看待事物。在这一章中，我们早已遇到过这个意义上的创造力。它是富有想象力的同 129
义词。在这个意义上，关于教与学的创造力，我们可以参见前面的部分。

有时候，人们或者人们的作品在这两种意义上都是具有创造性的。古埃及人期望（富有创造性的）艺术家严格按照常规框架工作。但是，过去两百年来，我们的文化格外期待艺术家是创新者，无论是视觉艺术家还是其他艺术家（这需要双倍的创造力）。

在这两种意义上，关于创造力在教育中的地位，无须赘言。由于本书是关于心灵的研究，而不是关于教育目的的研究，所以，本书不谈论这个问题。也有很多研究揭示了这个领域的困惑，但是，我把自己限定在最基本、最简单的分界线上。

对于心理学方面，还需要指出一点。两种意义上的创造力是观念或假设，或者是思想产物的品性。它不是某种心灵过程。有创造力的人不会被看作这样的人，即，某些事物有意识或者无意识地出现在他们的心灵中，不管这个结果是否是出于他自己的意愿。我们知道，莎士比亚是极具创造性的天才，但是，这不是因为我们知道他在创作的时候，他的心里在想些什么。关于这一点，我们一无所知。从他公开发表的作品的质量上，我们知道了他的创造力。

对于作为过程的创造力，我有疑虑，这是因为教育者总是禁不住用这种方式看待创造力。

小结与要点

想象力不是儿童心灵的单一能力。因此，培育想象力不能简单地成为教育的一个目标。在这个领域有三个主要概念，需要对它们进行区分。首先是心灵的想像，其次是想象或者假想某物的情形，最后是丰富的想象力。前两个概念是思考的形式（参见第 6 章），概念的使用在两者中扮演了重要的角色（参见第 2 章）。第三个概念与打破常规视角，创造出某些具有原创性的东西有关。

培养想象力需要在这三个题目下被讨论。在正规教育中，想像是享受文学的必要条件，但是，在其他领域，它可能不能发挥相同的作用。如果儿童可能背离他们默认的信念（参见第 3 章），那么，发展儿童的想象力就是很关键的。这点不仅在儿童自主认识、幽默感、自我理解的发展方面 130
很重要，而且在他们通过移情理解他人方面也很重要，同时，在他们学会形成假设（如科学的假设、历史的假设）方面也很重要。至于丰富的想象力，有一种做法是，让儿童熟悉他人富有想象力的作品，进而发展他们自己丰富的想象力，从理论的视角来看，越是这样做，原创性的标准就会被设得越高。

发展儿童的创造力常被视为教育的重要目标。但是，创造力这个术语有歧义。创造力其中的一个含义与丰富的想象力相同。它的另外一个含义与制造沉思的对象有关。两种含义在教育中都有地位。

拓展阅读

肯尼在《心灵的形而上学》第八章中，对想象力进行了简单的哲学论述，其他论述可参见：斯克鲁顿于 1994 年出版的《现代哲学》第二十四章、哈姆林的《想象力》（Imagination）一文（这篇文章被收录在格滕普兰主编的《心灵哲学手册》中）。对于这个概念比较长的、最好的论述仍旧是斯克鲁顿的《艺术与想象力》（*Art and Imagination*）一书的第七、八章。关于创造力的概念，参见我为库珀（D. E. Cooper）主编的《美学手册》（*A Companion to Aesthetics*）所写的导言。

在教育背景下，关于想象力和创造力最好的哲学论文如下：艾略特的《创造力的类型》（Versions of Creativity），该文刊登在《英国教育哲学学会论文集》（*Proceedings of the Philosophy of Education Society of Great Britain*）第 5 卷第 2 期上；帕斯莫尔（J. Passmore）的《教学哲学》（*The Philosophy of Teaching*）的第八章“培养想象力”。这两篇文章都被收录在赫斯特和我主编的《教育哲学：分析传统的主要议题》的第二卷中。关于艺术中的创造力，参见贝斯塔（D. Best）的《感觉的合理性：教育中的艺术》（*The Rationality of Feeling: The Arts in Education*）一书。英国国家创造力与文化教育顾问委员会 1999 年的报告《我们所有的未来：创造力、文化与教育》中也有关于创造力的内容。

第 8 章 激励儿童 131

什么是动机？

儿童如此活跃，常常令人惊诧不已。譬如，据说梅尔斯布（T. L. Melsbu）在 3 岁时开小型家庭轿车从幼儿园回家。托比亚斯（Tobias）住在兰姆松（Ramsund）（挪威的一个城镇，在北极圈以北 125 英里的地方），一天他拿起车钥匙，发动引擎，开始导航。他开过斜坡，转了两个 90 度的弯，经过一条小溪，急速地拐到回家的路上。他撞上了车库的门，但是没有受伤。当年他妈妈开车时，他坐在妈妈的腿上，他的驾驶技能在那个时候已经有所发展。

我猜，你可能会说，托比亚斯对开小轿车有强烈的动机。他也恰好引导我们进入心灵生活的又一领域，到目前为止本书还没有对这一领域予以直接论述。

这个领域包含行为、活动、欲望、动机。父母和教师对儿童所做的大部分事情都围绕着儿童的活动。的确，开车并不是常有的活动，但是，穿衣、吃饭、玩游戏、画画、思考科学中的问题是。

在童年的早期，父母就必须帮助儿童理解主动性的含义，不是在哲学意义上理解其含义，而是让主动性的含义体现在诸如“穿衣”“画画”“举起”“残忍”等词语的正确使用上。儿童必须学会使用这些用于描述他们自己和他人行为的词语。

他们也需要知道如何解释行为。“为什么爸爸像这样笑？”一个 5 岁的孩子问道；“为什么希特勒侵略波兰？”一个 16 岁的学历史的学生问道。有时，父母和教师也需要查明，为什么儿童如此行事。“为什么汉娜（Hannah）总是在楼上？”“为什么尼尔（Neil）今天这么有攻击性？”

132 那么，教育者在思考什么使得儿童如此做事时，必须处理动机问题。另外，教育者在鼓励儿童或者让儿童做某事（有时候，儿童并不想这样做）时，也要处理动机问题。这两种情况——解释儿童的行为与激励儿童——是紧密地联系在一起的。理解儿童为什么如此行动，给了你一个杠杆，你可以用它敦促儿童去做你想让他们做的事情。

我们不禁会想到，我们通常在物理中使用杠杆这个词。如果你知道有人为什么不头疼了——通过吃阿司匹林——那么，下次如果其他人头疼，你就能运用这个知识。在教育心理学中，许多讨论把动机视为因果模式的后续部分。这种看法是否有道理，我们即将揭晓。

在考察动机之前，有些东西更为基本。这就是人的主动性这个概念。儿童在最初的几年必须掌握这个概念。他们刚开始理解这个概念时，它是什么样子的呢？

人的主动性

假设一名年幼的儿童（比如两三岁）看到她的母亲正在写信。她如何理解正在发生的事情？我们成人会说：“她正在写信。”我们知道什么是写，什么是信。小女孩还没有这样的理解力，或者她只是刚刚开始有所理解。她看到妈妈在做事——在纸上做标记，但是，她没能达到像我们成人这样的理解水平。也许，她看到妈妈在画一些小的形状。也许，她的妈妈告诉她，她正在“写信”或者“邀请劳拉参加你的聚会”，儿童能明白他人告诉她的内容是什么意思。

“你的妈妈正在做什么？”这个问题只有一个正确答案吗？小学的数学题目“7+8 等于多少”，有一个正确答案。那这个问题的正确答案是“正在写信”吗？这样回答似乎是最自然的，但是，“她在纸上做标记”这种回答也是对的，“她在邀请人参加聚会”这种回答也是对的。

人类的行为可以有多种正确的描述。其他事情也是如此。当我走出房间进入花园，我所看到的是“树”“一棵苹果树”“成熟的物种”“树荫”。对人类行为特征的独特描述是，主体正在做的就是他心灵所要求他做的。人们能够出于各种各样的原因在纸上做标记。在这个例子中，小女孩的妈妈想用这些标记与他人交流，更加具体地说，想要邀请某个人参加聚会。 133

引导儿童认识主动性就涉及让他们逐渐理解人们行为的意图。人类的行为通常具有一种结构。其不是作为孤立的事件存在，而是有诸多理由。理由也不是孤立的，它们与主体生活中的许多其他方面有联系。（也请参见第 6 章的实践性推理。）

那位妈妈正在写信。为什么要写信？她想邀请一个孩子来参加生日聚会。这个理由无法独自站稳脚跟。在这个理由的背后，是她没有讲出来的理由，她想举办一场聚会，想让某个孩子参加聚会。所有这些带我们进入更深层的考虑之网——她对自己孩子的关爱、孩子生日聚会在文化中的地位、她的孩子与其他孩子的关系。

到目前为止，我的关注点仍是这位妈妈的渴望或者愿望。但是，这些并没有全部说明她写信的理由。它们没有解释为什么她选择用这种方式让其他孩子来参加生日聚会。她也可以去孩子的家里邀请，给孩子的妈妈打电话或者发电子邮件，在当地的报纸上刊登消息。她写信的理由是什么？她相信，在这种情形中，写信是合适的方式。这也有她的信念——她对这个信念几乎习焉不察，即，送一封信是一种有效的手段，能够让别人知道某件事。她也有更深的背景性信念，比如说，邮政服务通常值得信赖。

她的信念与渴望成为她这项行为的理由。它们一起构成了一种结构。在这个例子中，她理解她正在做的事情（写信）是达到目的（邀请一个孩子）的一种手段。在这个目标背后，是她所渴望的更深层的东西——让她的孩子感到开心、去做她所在的社会期望她去做的事情。她渴求这个结果，并且相信，写信是一种有效的、恰当的手段。关于手段与目的，她也有背景性信念。她相信英国有邮政系统，她所在的社会期望她组织一场聚会。

这个日常生活中的例子有助于我们理解人的主动性这个概念内部是什么样子。正如我们所看到的，其中的一些特征没有被全面地查明，但是，在我们的所作所为中，我们的信念与愿望卷入其中，这是重中之重。

最后一点表明，人的主动性——就像大多数其他心灵的现象一样——指向特定对象。正如我们所知，信念总是**关于**某个事物的信念。欲望也是
134 关于某个事物的欲望，即使语言有时会隐藏这点（英语中是这样）。那位想要写信的母亲渴望的事情便是写封信。和所有被指向的对象一样，事件的状态不需要存在。她可能想写信，但是后来被阻止了。

人类的行为中，远远不止相信和渴望。我可能想要冰激凌，并且，我相信，我出去走到冰激凌摊位前，能买到一份冰激凌。但是，我可能不是真的要出去，因为我也想做些别的事情，这些事情我更愿意去做，例如，躺在床上，看电视节目。行为对人提出了其他要求。我打算去买冰激凌。但是，我不能只有打算，因为打算好的事情也能告吹。

在揭示那位妈妈的信念与愿望之网时，我并没有暗示，当她做事的时候，她在心里意识到自己具有信念或者愿望。有些事情——想要这个孩子参加聚会——对于她来说，可能比其他事情更迫切，比如相信英国有邮政系统。但是，极有可能，她心里没有意识到这些。这可能是她那天早晨写的第十四封邀请信。

甚至，完全习惯化的行为（如系鞋带）也包含着信念与愿望。系鞋带的人想让自己着装得体，并且他相信系鞋带是其中的一个部分。尽管，他系鞋带时没有意识到这些，但他至少得知道这些事情。如果被问到为什么要系鞋带，他会提到这些。与此类似，那位妈妈知道写信的理由，如果要求她说出来，她也能够答出来。人的主动性依赖于对语言的掌握。

我们对所有这些——一旦我们开始思考它们——都非常熟悉。但是，大部分非常年幼的儿童仍处在这些思想结构之外。他们必须被引入整个系鞋带、写信的事务当中，才能理解人们做这些事情的一般理由，以及个别

的人做这些事情的意图。他们需要进入愿望与信念结构的内部，以便理解这些行为。

目前，我们所给出的例子都是与意向性行为有关——人们打算实现的事情（哪怕他们自己没有规划这些意向）。我在前面说过，人类的行为通常具有某种结构。我们现在已经明白，这种结构是如何围绕理由构建而成，以及信念与愿望如何进入这些结构。但是，也有例外。

假设一名儿童无意中碰倒了一瓶酱，他没有理由这样做。他没有可以通过这样做来得以满足的愿望，或者，他没有使这个行为成为达到想要的目标的手段的信念。年幼的儿童在明白人的主动性这一概念的过程中，必须学习意向性行为与非意向性行为之间的差别，以及与这两类行为相伴随的羞愧与责任的差异。 135

我谈到年幼的学习者逐渐开始理解人的主动性。动物也是主体。我们能够对动物要做之事与发生在它们身上之事进行宽泛的区分。如果一只狗被踢了，感到牙疼，发现自己被卡在洞里，那么，这条狗就不是主体——这不同于它在田野上奔跑、吃东西、追逐入侵者。动物的主动性（要是有的话）如何与人类的主动性区别开来？

有一个从笛卡尔时代流传至今的传统答案。一方面，动物是无心灵的机器。狗在某人后面奔跑，被理解为物理层面上因果关系的链条。另一方面，人能依据理性做出行动。某人追着公交车跑，便是如此。一旦他依据理性决定要这么做，他心灵中的意愿就开始在大脑中运作，以此引起他腿部的肌肉运动。

事实并非如此。心灵的某种行为——做决定或者产生意愿——总是引发我们做出基于理性的行为，不是真的。我们常常出于习惯做事情——开车时变换挡位、在面包上涂黄油——在每一种情形中，我们并不是决定要做这些事情，更不用说产生意愿了。

回到人类的主动性与动物的主动性之间的区别。如果我们想要把动物归为某种有心灵的生命，例如，狗和猫感觉到疼，它们看、听、闻、感到害怕，那么，把它们的主动状态——跑、挖洞等——理解为它们灵性的展现，是没有问题的。动物（至少有些动物）具有欲望。饥饿的猫想要吃东西，瞌睡的狗想要睡觉。我们依照动物的欲望来解释动物的行为。为什么我的猫站在门后？因为它想出门，去花园里玩。为什么它挠我的腿？因为它想吃东西。目前，对动物主动性的解释类似于对人类的解释：我们解释主体为什么按照其欲望来行事。

但是仅止于此。由于动物没有语言，不能表达它们行为的理由——如果人们真的认为它们有理由的话。我的猫想要出门，到花园里玩。也

136 许，在某种原始的意义上，它相信（参见第3章）站在门口是一种有效的手段，能让我打开门放它出去。它的欲望加上它的信念构成它行动的理由吗？或者我们不能用这种方式来谈论猫或者狗，因为它们不是使用语言的生物？有一个理由就必须要求能够表达出这个理由吗？

无论答案是什么，至少我们知道，人类能够正常地用语言描述他们行为的理由。如果那位妈妈被问到“为什么要写信？”，她能够这样回答：“因为我想邀请孩子来参加聚会。”她能够用语言表述她的愿望（如果需要，她还能用语言表述她的相关信念），因此也能解释她的行为。

当然，人类并不总是需要表达出他们心灵中的东西。其中大部分我们都不需要将其表达出来。关键在于，我们能够这样做。如果他人问起我们，我们能够给出我们做某事的原因。一个人把磨好的咖啡放入咖啡机里过滤。他每天早上这么做，从来没有想过这件事情。但是，如果有人——或许这个人来自另一种文化——问他为什么要这么做，他就会毫无困难地回答“因为我想要一杯咖啡”或者说清楚他的信念，即这个操作是咖啡制作过程的一个部分。

作为解释的动机

我非常简短地探讨了人类的行为是什么。现在，我要切换到如何解释人类的行为。

尽管它们看起来像是两个独立的主题，但是，它们是不可分割的。为了证明这一点，我又要回到这个观点，即同一种行为能够用多种方式加以解释：

（i）她在纸上做标记；

（ii）她在写信；

（iii）她在邀请人参加聚会。

如果我们想要解释（ii），我们可以援引（iii）。（iii）给出了她写信的理由。此外，对行为的解释是对行为的另一种描述。不过，也并不总是这样。她为什么写信的另一种解释是，她想要她的孩子快乐。这不是对她所做之事的另一种描述。然而，重要的事实却是，解释常常是对情况的重新描述（为什么他在喝咖啡？因为他想解渴）。

在这个方面，对人类行为的解释十分不同于对物理学中的事件的解 137
释。当我们被问道，为什么气体遇热膨胀时，我们不可能对事件进行进一步描述。我们的解释要超越对事件的描述，进入基本的自然法则领域。

问一名儿童为什么会这样或那样做，通常是在问她的动机。她的动机是她行为的理由。有时候，动机可能具有重新描述的形式［为什么他在那本书上写字？他正在做普通中等教育证书（GCSE）考试的练习题］。还有些时候，动机不止于此（她为什么举手？因为她想吸引老师的注意力）。

我们已经看到，信念与愿望是如何进入人的动机中的。动机可以有不同的种类，并且，信念与愿望在动机中出现的方式各不相同。

对儿童行为的解释经常指向未来，因为儿童把自己的行为看作实现未来某个目标的一种手段。为什么斯蒂夫（Steve）要炫耀？因为他想给女孩留下印象。他的愿望（想给女孩留下印象）与他的信念（他相信说话幽默是留下印象的一种好的方式）既构成了解释，也构成了也许处于幕后的更深层的信念与愿望。

为什么梅尔斯布开着小轿车回家？也许是因为他想快一点回去，也许是想让妈妈印象深刻。他的信念也构成了解释的框架：他知道如何开车能让他的妈妈为他感到高兴。

但是，并不是所有的动机都是工具性的。毫无疑问，托比亚斯的举动不全然是手段。开小轿车也许很好玩。为什么朱丽娅（Julia）高声唱歌？没有理由，她只是很享受，就是这样。虽然我们说“没有理由”，但是，我们的意思是“没有更深入的理由”。好吧，对于为什么高声唱歌，她有理由，但是这个理由是内在的：她就是想这样做。在这个例子中，没有额外的理由与这个信念——针对目标采取适当的手段——有关。

所有这些只是个开头——阐明动机概念的复杂性。随着我们讨论的深入，更多的东西会显明。刚才所做的区分是就工具性动机与内在动机而言的。这两个范畴就是全部内容了吗？有没有可能存在非内在的且不是工具性的动机呢？我会在后面表明，对于父母和教师来说，这个问题很关键。

大众心理学的动机

在我们谈论这个问题之前，先提个醒：不要对动机进行太简略的描
138 述。有些哲学家提议，若要解释人类行为，合并其愿望与信念就完全够了。人们为什么这样做？因为他们想要 Y，并且相信 X 是达到 Y 的一种手段，因此，他们要做 X。我们已经看到，这种解释被用于内在动机的时候，就无能为力了。更一般地说，它无法对复杂的情形做出公正的解释——当人们做事情时，常常发觉自己处在复杂的情境中。所有这些各种各样的因素构成了动机。

一名少年愤怒地回到教室，痛斥众人，摔椅子，出言不逊。他为什么要这样做？我们查明原因后得知，他的一个同学刚才触到了他的痛处。不管怎样，他情绪低落，部分是由于家庭环境，部分是由于他从未与这个特殊的班级里的同学相处融洽。远不止这些，还有太多的东西要说——真的，为了给出全面的解释，我们还需要了解更多内容。这些事情全都会成为他这么做的理由。这是由于动机是多方面的、复杂的，不能被严格地编排为几个基本要素，在这点上，小说家比哲学家或者崇尚简化主义的心理

学家更加透彻。

管理班级的教师也像父母一样明白这些话的力量。在非常态的情形中，比如上面所提到的情形中，只有像父母和教师一样，熟悉整个情形——在这个情形中，表现出越矩行为的人，才能为越矩行为提供一个完整的解释。

如果他们中有人认为，有人比他们懂得更多（如专业的心理学家），那么，他们对自己的力量应该更加自信。理解动机不是行为科学或者其他专业中深奥的事情。它绝对与细致地应用日常心理学的诸多概念——信念、愿望、感知觉、在情感层面做出回应、达到目标的手段、为事情本身而采取行动——有关，借此，可以捕捉所有的复杂性。

虽然在英语中，只有当我们询问一些不幸事件（“他为什么杀害自己的妻子？”）的原因时，我们才使用“动机”这个词。当然，其他非常普通的行为也可以有动机（虽然我们不像这样指出来）。尽管我们通常不会问一个孩子开灯的动机，但是这并不意味着她没有动机。（我对智力也有类似的观点，参见第 5 章。）也许，动机太平常，以至于我们视之为理所当然：她想在房间里做些什么，但是，房间里太黑了。动机一定与行为的理由相关。她的理由涉及她的愿望——找无线电话，上床休息，喂沙鼠——和她的信念——开灯能使她看到这些东西。也许，她还有其他一些考虑。 139

在诸如此类的日常事件中，教师和父母不需要在动机方面有专门研究的专家来帮助他们理解儿童的行为。他们自身沉浸于通过移动墙上的一块塑料就能提供照明的文明之中，这意味着他们能读懂儿童行动的理由。

这一点也不是说专家什么都不能提供。例如，教师会发觉，有关儿童自我认知的研究还是有用的。这方面的研究主张对自己的智力具有较低认知的儿童，或者总体上自尊感较低的儿童，在班级里的表现都不好。这项心理学研究是否告诉教师一些新的东西，则是更深层次的问题了。教师有机会从自身的经验中知道大量这样的事情。心理学所能做的就是引导教师超越自身的经验，并且，向他们表明，他们的信念或者半信半疑的观点在其他一些环境中得到证实。这些环境对异常认知有更大的约束力。心理学中关于这方面的大量研究都与强化和澄清教育者早已具有的概念有关。在一定程度上可以说，它是建立自信心和自我认知的问题。

在这个方面，心理学的研究与此书有大量的相同之处。两者都认定，为了开展工作，实践者早已经具有所需要的心理学素养。这些素养来自我们在日常生活中所使用的心理学概念，来自文化的浸染，来自对小说的阅读，来自日复一日与儿童、同伴、朋友、同事的交流。哲学帮助实践者愈发清楚地认识到他们所使用的概念工具。心理学专注于信念的具体类型，或者态度的具体类型（例如，儿童关于自身不足的信念）。这两个学科都不能揭示人们先前完全不了解的事实，就好像化学家或者历史学家所做的工作。两者都使隐藏的变得清晰、混乱的变得有序。

其他心理学者对动机的研究进入了更加科学化的阶段。一些父母和教师求助于心理学图书，以获得关于动机的指导，他们看到的可能是“注意章节的标题”。有些心理学教材的大部分章节是关于饥饿、渴、性、攻击方面的生理学数据。这些欲望——人类与某些动物共同的根基——的确能产生行为的理由。教师和父母需要在多大程度上走进生物学或者生理学领域，这是另外一个问题。人类的大部分动机，包括那些儿童受到引导
140 的动机，都超越了生理学意义上的冲动。我们做我们所做之事的理由常常是极为复杂的，并且反映了具有多种来源——尤其是我们生活于其中的文化——的价值观和信念。

我们需要承认，有时候，儿童的行为只能够由科学家调查出来的因素所解释。儿童的行为可能是由一些身体疾病所引起的。在这些情况下，我们超出了动机领域，因为儿童没有理由昏倒。这不是说，儿童昏过去是没有原因的。而是说，这里的理由只是原因——与水在一定的温度下会变成冰的原因是相同的。虽然这个现象存在理由，但是，水没有理由。

儿童的确具有动机，若教师仅依赖于生理学资源，则这些对他们来说过于复杂。譬如，在一些性侵案件中，教育者需要专业的心理学帮助，以

梳理学生背景中错综复杂的因素。专家也要适当地区别生理学上的动机或者其他原因导致的动机，它们紧密地纠缠在一起。

关于心理学上的动机，还有一点要说明，那就是当心教材。有的教材十分晦涩，远远不能说清楚它们的意图。谨慎就不会受到惩罚。但是，如果读者发现自己惊恐地陷入“内在过程”列表中，如本能、需要的等级、冲动、认知失调，或者陷入一些图表中，这些图表中有因果关系的箭头，箭头从“需求还原”到“冲动”，之后到“活动”，再之后到“满足”，然后再回到“冲动”，那么，读者就要确信，问题不在自己身上。

动机的类型：内在动机与外在动机

有许多给动机分类的方式。我在上面提到了生物学与非生物学层面的区分。这里，由于探讨教育中的心灵，所以，我想关注另外一种分类，用来拓展我先前所说的工具性动机与内在动机。我曾问道，这两个范畴是否穷尽了这个领域，或者，是否存在非工具性的外在理由。

我认为，有这种可能。外在理由不是内在的，内在动机是因事情自身
之故，而不是为了别的事情。一名儿童愿意弹钢琴，只是出于享受弹钢琴 141
的乐趣，而不是因为他要预习音乐课或者为音乐会上的表演做准备。享受弹钢琴在这里就是目的本身。外在理由指的是目标外在于活动本身的那些理由。

外在理由有三种很重要的类型。第一类涉及针对目标所采取的行动或者所进行的活动是可替代的手段。一名教师要制订班里学生去科学馆的出行计划。他要如何制订计划？坐火车、地铁还是小客车？他仔细地思考出行方式，然后选择了坐火车。如果他被问道“为什么你要选坐火车？”，他的回答是，他想去伦敦。这是一个明显的手段－目标型理由的例子，在这个例子中，行动者所选择的手段可以被其他手段替代。但是，不是所有的外在理由都是这种类型。有时候，没有可以替代一种手段的另一种手段。在字谜游戏中，有人按照提示填写答案。手段——第 7 个字谜的答案

线索——是完成整个字谜游戏这个目标不可缺少的一部分。没有什么能够替代这个手段。

外在理由的前两种类型之间的区别在于，哪种是（纯粹的）工具性的，即一种手段可以替代另外一种手段，哪种是整体的行为或者活动不可缺少的一部分。两者的区别在教育中意义重大，我们马上就会明白这点。

在我们的生活中，整体 - 部分的理由不只存在于字谜游戏中。假如，对“为什么那个女士在女儿要去上学时亲吻她”的回答是，她在表达爱意。这是她亲吻女儿的理由，但是，这是一种什么类型的理由呢？“表达爱意”不是那个女士要达到的目标——亲吻不是达到目标的一种特殊手段，可以由其他表达爱意的方式所替代，如，拥抱或者温柔的话语。它是这样一种，即当我们把亲吻置于更大情景中，亲吻是其中的一部分，与某种关系有关。

一点也不奇怪，整体 - 部分的理由出现在我们生活中具有整体 - 部分特征的地方。我已经列举过两个整体的例子：填写字谜与爱的关系。其他的例子还有：创造、艺术表演或者参与艺术；处于蒸蒸日上的企业或者社会团体中，例如，学校、公司、足球俱乐部或者一个国家；下棋或者打台球。

我们现在谈论外在理由的第三种类型。这一类完全或者主要地面向过去。教师干预一名学生对另外一名学生的人身攻击。“你为什么要打他？”
142 “他看我的日记，我气坏了。”在这里，打人是对所受伤害的即时反应。它主要不是为了实现将来的某个目标，例如，精心策划活动以给某人一个教训，这样，他下次再做同样的事情时能够三思。

在诸多情感中，有一些是面向未来的，譬如，恐惧或者希望；有一些是朝向过去的，譬如，生气、悲伤、悔恨或者羞愧；还有一些是朝向现在的，譬如，高兴；或者还有一些横跨过去、现在和未来，就像某种类型的爱（参见第 9 章）。情感激发人们去做事情——有别于使人变得更加被动——在这个层面，情感符合目前所给出的动机的分类。情感给我们提供了内在理由（比如高兴）、外在理由中的工具性理由（比如恐惧）、整体－部分的理由（比如对家庭或者国家的爱）、回顾过去的理由（比如羞愧或者愤怒）。

目前为止，我已经提到过几种不同类型的动机：内在理由与三种外在理由，即工具性的、整体－部分的、朝向过去的。这种分类准确吗？有没有可能在某种意义上把所有的动机都归为整体－部分的？让我们想想为弹钢琴而弹钢琴的例子。“为了享受弹钢琴的过程而弹钢琴”是因果关系链条中的终极原因吗？毕竟，为了享受弹钢琴的过程而弹琴不完全脱离于生活的其他领域。它是更广阔的画卷——其中充满了内在目标和外在目标——的一部分。相似的例子是坐火车去伦敦旅行。人们在这趟旅程的背后，有着更大的考虑。在某种程度上，它最终与一个人的整个人生有关系。

我们不禁认为，这表明了所有的动机都是部分－整体的，但是，这种看法是错误的。有些人可能视其生命为艺术品，他们是（自我的）创造者。就好像在绘画或者诗歌中一样，在他们生命故事展开的过程中，各个部分必须被精巧地放在一起，形成一个和谐的整体。对于他们来说，他们弹钢琴是为了享受弹钢琴的过程，而弹钢琴不是（或者不只是）目的本身，而是处于更大的整体之中。人们常常不是以这种方式来创造自我的。他们享受事物本身，当然，这些事物是他们生命的一部分，但是，他们不明白这些事物对整体的贡献。对于我们大多数人来说，“因为这令人快乐”是一个理由，其背后不需要再有深层次的理由。

还有最后一点。尽管我逐一分析了各种类型的外在动机和内在动机，但是，它们常常不是彼此孤立地出现。一名儿童在弹钢琴，部分是因为其享受弹钢琴的过程，部分是因为其要参加音乐考试，必须要练习。我们的所作所为的背后，经常具有多重动机。

143 教育中的动机

理解动机

教师和学生所做之事的内在理由或者外在理由，常常在背景中直接被理解。我们知道为什么儿童在餐厅里收盘子和刀叉，为什么乔纳森（Jonathan）在班上问一些傻问题，为什么历史系的系主任坐在教研室的那张椅子上。对学校陌生或者对英国陌生或者对现代西方文化陌生的人，可能会发现这些事情令人困惑，需要找出主体相关的愿望和信念。

有时候，我们这些参与者也会感到困惑。我们不知道为什么那个孩子的行为与其性格不符，或者我们怀疑，她给出的理由不是真正的理由。我们也需要查明她的信念或者愿望。为什么艾丽（Ellie）在班上偷偷地吃葡萄？如果我们发现她只是相信一天内每个小时吃些水果会使身材苗条，那么，我们就可能用信念－愿望这对关系来解释她奇怪的行为。也可能有更加极端的、难以理解的例子，为此，学校需要专业的心理学工作者的帮助。然而，即便如此，试着用来解释的模式也是一样的——深入精神分裂者心灵中的奇怪的信念体系，试着查明其真正所想。

这个部分也有伦理的问题，即何时可以查明学生或者同事的动机，这样做何时会侵犯他们的隐私。我把这些问题留在一边。

激励儿童

对于许多教师来说，如何激发学生参与学习活动更成问题。有些问题比其他问题更加难缠。每一位教师都必须发现一些方法，让孩子参与学校功课，好的教学计划为此提供了部分答案。但是，教师如何才能够应对那些无动于衷的学生，或者那些不想学习的学生，或者那些认为自己与学校绝缘的学生呢？

这些问题都很现实，实践者是那些能够给予最大帮助的人。但是，要想为更加具体的建议建立一个概念框架，哲学上的思考可能有用。我想到了四点。

预备工作 144

激励儿童就是让他们参与到活动中，给他们提供如此行事——对他们来说是有意义的行为——的理由。在这里，我用词时很谨慎。如果你想让一个孩子计算代数等式，那么，如果他不想成为一位数学教师，这么做是没有用的。你告诉他，他需要理解代数才能成为数学教师，尽管这么说可能是真的。你所给出的理由必须使他想要去做代数题：代数对他来说必须是有意义的。

激励学生的过程不总是或者不只是把活动和之前与其无关的某些愿望（内在的或是外在的）联系在一起，有时候会牵涉他们的信念。一个正在读初中的女孩想要一份薪酬不错的工作，并且明白要在科学课上一贯优异，才能获得一份薪酬不错的工作。但是，她却放弃了科学课，因为她认为那是男孩该学的学科。对于她来说，为了能够投入地学习科学，其有必要质疑上面这个信念。

被激励必定与某种行为或者活动的理由有关系。严格地说，你不能激励儿童去学什么东西，因为学习不是一种活动，而是一种成就——通常，是开始知道之前所不知道的东西。譬如，教师想让学生学习德语中词语的规则，为此，教师设定各种各样的学习任务，儿童必须被激励着去参与这些学习任务。

关于目标的一点说明。在苏联清算富农的时期，儿童被鼓动告发他们的父母。其中一名叫莫罗佐夫（P. Morozov）的儿童就这么做了，成了被人崇拜的英雄。激励学生可能是一件好事，也可能不是一件好事。它依赖于学生对所学之事的追求。在这点上，哲学式的教育心理学与教育目标的哲学联系紧密。

如何激励

激励儿童就是让他们参与到活动中，给他们提供如此行事——对他们来说是有意义的行为——的理由。这些理由大部分是愿望和信念的混合物。所有这些意味着教师或者父母要采取一种积极的立场，把活动与孩子早就具有的愿望与信念联系起来，或者在合适的时机改变孩子的愿望或者信念。它也意味着要侧重对个别学习者的愿望和信念的理解，而不是用更加宽泛的方式忽视个体的差异。

145 这种看待动机的方式——将其视为对个别儿童的心灵结构进行的一种积极的、细致的干预——与那些更靠近天性而非教化的诸多理论截然不同。这种方式可能适合那些支持儿童中心论的思想家，他们相信，一旦儿童爱的需要或者自尊的需要被满足，儿童就会适时地深化自己的理解或者审美经验。或者，你不能期望年幼的儿童表面上不以自我为中心，因为他们还没有达到那个发展阶段，利他尚不可能。但是，教育不是靠后站，不是让优良的天性顺其自然地发展。教育必须塑造、干预、引领儿童进入文化习俗中。在第 4 章讨论发展主义时，我曾经遇到过这种观点。

学生的信念和愿望如果得到关注，他们就能够得到激励。

儿童在想什么

正常情况下，当人们做 A 这件事是为了实现愿望 B 时，譬如，割草坪是为了保持花园的整洁，那么，某些信念就已经被他们视为理所当然的了。人们必须思考 A 是产生 B 的方式，他们有能力做 A（他们有力气割草，他们知道如何操作割草机），他们能够使出做 A 所需要的力气（他们不是很疲倦），对于他们来说，A 是他们能够做的合宜的活动（他们在割自己家的草坪，而不是邻居家的草坪），没有不能克服的外在障碍（草坪被水淹了）。

像这样的信念如此明显，似乎不值得一提。这就是为什么对动机的谈论常常绕过主体的信念，而倾向于谈论主体的愿望。

然而，在一种或者另一种平常的信念缺失的地方，动机可能也会不复存在。如果主体认为做 A 不在他的能力范围内，A 不能被任何人实现，或者做 A 是一件错误的事情，那么虽然其有做 A 的强烈愿望（为了产生 B 或者其他的什么），但是他没有足够的理由去做 A，最终可能不去做这件事。如果他要这么做，那么，他的信念就必须适当地改变。

学习任务尤其如此。也许，一名学生真的很想学游泳，这样他就能与朋友去游泳池游泳并在夏日的海边晒日光浴。适当的愿望已经有了，但是，他羞于去上游泳课，因为他认为，他在任何运动上都不可救药，并 146
且，一旦他去深水区，他会沉下去，有可能会被淹死。激励一名像这样的儿童，首先要做的是，理解阻碍他的信念，然后，鼓励他明白这些信念是毫无根据的。

儿童想要什么

学生也需要适当的愿望。在激励学生这件事情上，我们现在能够运用我们先前以愿望为基础的动机类型。我们讨论过外在动机和内在动机。在外在动机中，我们区分了纯粹的工具性动机、部分 – 整体动机、朝向过去的动机。朝向过去的动机不可能被用来激励学生。我想象不出教师会试着让学生出于报复、生气或者悲伤做功课。但是，其他的动机类型在教育中有着重要的意义。

纯粹的工具性动机

不久前，掌握拉丁语曾是英国某些大学的入学要求。许多年轻人学习拉丁语的动机是他们想进牛津大学或者剑桥大学。如果梵文被指定代替拉丁语的地位，那么，大家可能就会全力以赴地学梵文。学习拉丁语是可以被替代的活动。

现在拉丁语越来越不引人注目，但是，有些基础教育阶段的学校的学生或者大学生仍选择这门科目，因为他们认为，拉丁语极有可能会是找到薪酬丰厚的工作的通行证。他们自己对会计科目不感兴趣，但是为了报酬，他们咬牙坚持学习。如果学习社会学或者大众传媒研究能够保证学生在头一年获得极高的收入，而学会计学未来只能赚很少的钱，那么，学生的选择就会完全不同。

纯粹的工具性动机也被用来激励年纪尚小的学生。小学生之所以努力学习拼写，是因为教师青睐于此，并且表扬拼写好的儿童。如果教师认为痴迷于正确的拼写是庸俗的，只认可创造性写作，那么，学生就会投身于写作。

如果让人期待的奖励或者惩罚被用作激励物，那些使用它们的人就应该意识到，就学习者而言，学习的活动可以被任何一种其他的活动（其极有可能带来奖励或者免除惩罚）所替代。

在此，有一件事情需要再议，这就是学生对于学习活动所具有的责
147 任。学生学习到的一些事情被认为是永恒的、不可替代的心灵素养的一部分，学生一生都会使用这些知识。能够读书、写作、计算是明显的例子。你也许会争论道，尊重他人、理解所处的社会如何运作、对艺术之美和自然之美的回应，也是明显的例子。（我正在进入矛盾重重的领域，这里再次与教育目标的哲学思考有关。但是，相对于普遍的观点——教育中大量的学习对象是永恒的、不可替代的——来说，例子不是很重要。）

这就是我得出的观点。如果我们想要学生对这些永恒的、不可替代的学习类型（无论它们是什么）形成适当的态度，即逐渐让学生把它们看作永恒的和不可替代的，那么，依赖学生在学习过程中把它们看作可替代的学习对象的动机，就是个坏的赌注。如果有其他形式的动机可供选择，那么求助于这类动机似乎更有意义。

但是，有时候这种反对意见会被忽视。极为年幼的儿童喜欢做父母认可的事情，等到再大一点的时候，喜欢做教师认可的事情。正相反，在以下情况下，利用这种动机，没有害处：（i）被讨论的活动与永恒的、不可

替代的素养有关；（ii）尽可能早地鼓励儿童出于非工具性的理由参与活动。例如，儿童开始辨认字母和单词，因为他们得到了父母好的反馈，然后，他们开始享受这件事情本身，因为他们开始明白，阅读这件事情是使他们成为像其他人一样的人的一部分。

年幼的儿童依赖纯粹的工具性动机的危险在于，它鼓励儿童做出权威所认可的行为。他们做他们所做之事的理由是，有人想要他们这么做。如果这个人想让他们做其他事情，他们也会去做。这也表明我们应当用其他的动机形式代替工具性动机。

内在动机

学生如果发现活动本身是有趣的或者令人愉快的，那么他们也能参与其中。年幼的儿童喜欢听故事、画画、玩游戏。一些年龄稍大的学生在学习数学或者历史时很投入，因为他们发现这些事情本身很吸引人。

许多教师珍视内在动机，这是可以理解的。我们有不止一条理由能说明它为什么值得被培养。最明显不过的是，它有助于让学生在学习过程中全神贯注。学生在学习写字的过程中，如果教师在教他们临摹字母的形状时，能把马尾辫、梯子和其他物体与字母的形状联系起来，那么学生就能从中获得极大的乐趣。然而，教师并不是想让儿童在写字母的过程中发展出贯穿他们一生的内在兴趣。从孩子的观点来说，活动本身令人愉快，但是，从教师的角度来说，它仅是一项技能，为其他目标服务。在某个时刻，儿童的兴趣必须转向这个方向。 148

培养内在动机的第二个理由与自由社会中的教育目标有关。当然，这些是多方面的。其中的一个目标是，为学生提供诸多本身有趣的活动，以便他们可以从中选择他们想参加的活动，穷其一生予以关注。这些活动可以包括各种各样的事情，参与运动或者关注运动、进行手工制作、研读历史、从事园艺或者其他艺术活动。繁荣兴旺的生活的一个重要组成部分是，一个人全身心地参与对自己来说非常重要的活动。儿童如果能幸运地在一项或者多项活动中获得这种全身心参与的感觉，那么儿童在其他领域也能全身心地参与。教育与热情的增长密切相关。

有些人离开学校后，几乎没有留下什么。为了防止出现这样的情况，学校教育的第一个任务就是确保一个人在学校生涯中体验到被内在动机所激发的活动所带来的愉快感，这种愉快感不会随着儿童长大成人而消退。教育的第二个任务就是通过拓宽活动的范围来加深学生对内在动机的体验，借助这一途径，学生将来会长成自我主宰的成人，能够选择自己的爱好。

我们在此暂且不论中等教育阶段的学校课程的主要内容是否最适合去促进这些目标的实现，这是另外一个问题。有些课程几乎与此无关。的确，学会说外语是学外语这项活动的一部分，但是，与在实际生活中运用外语相比，这只是一小部分。对于有些人（包括成人）来说，数学本身是令人愉快的，但是，这样的人数量不多。除了这有限的吸引力，我没有看出有什么好的理由说明为什么我们应该期望每一个学生都从中得到内在的快乐。这不是说，教师不应该把目标定于此，只是说，如果他们不能在这方面取得成功，其也不应该为此失眠。只要每位学生都体验或者领会过一系列本身就很有趣的活动，那么，我所提到的自由的目标就达到了。这与
149 某些可能性是兼容的，例如学习数学的乐趣在数学之外。艺术活动有所不同，这体现在几乎每个人（我主要说的是成人）在这个广阔的领域都能发现自己对一些事物有内在兴趣。我在这里假定，我们没有给艺术活动戴紧箍咒，没有把它们局限在比较神秘的严肃艺术的范围内：严肃艺术与大众艺术之间没有截然分明的边界。

对于教师来说，依赖于内在动机就够了吗？我不这样认为。假设一名初中学生不仅喜欢数学，还喜欢历史、文学、音乐、科学。她有可能让这些学科的学习活动互不相关，彼此独立，快乐地从一门学科转到另一门学科。这样下去，可能会有一个比较好的结果，但是，这样就足够了吗？

评价的因素被忽视了，学会权衡这项或者那项活动的重要性的元素被忽视了。评价让一个人成为相对完整的人，而不是生活支离破碎，各部分

之间毫不相干的人。只是让自己投入许多事情并不够，有时候，你参与一项活动的理由也要考虑到这项活动能对你整体的心理发挥什么作用（目前为止，并不需要你用评价艺术作品的模式来理解自己的生活）。这引导我们进入另外一种动机的类型。

积木火车与动物庄园：部分－整体动机

内格尔（T. Nagel）在其隽秀的短文《价值的破碎》（The Fragmentation of Vaule）中写道：

> 如果你决定去爬喜马拉雅山，或者动手翻译亚里士多德的《形而上学》（*Metaphysics*），或者掌握《十二平均律钢琴曲集》（*Well-Tempered Clavier*），或者合成氨基酸，那么，计划一旦启动，进一步的追求就尤为重要。主体一方面是想证明自己先前投入的时间和精力没有白费，另一方面是想成为一个有始有终的人。但是，无论理由是什么，一旦计划启动，我们的计划就要求我们自律，而事前是不需要做到这一点的。（1979，p.30）

内格尔所举的例子都是部分－整体动机的例子。毫无疑问，爬喜马拉雅山的过程本身就是有价值的。但是，这不是登山者会给出的为什么要做这件事的唯一理由，当然也不是最主要的理由。登山者心中最终想要实现的目标是到达山顶。她现在所做的是这整个壮举的一部分。 150

内格尔所举的例子不同寻常。但是，父母和教师可以从更为平凡的情形中知道内格尔所言极是。对于儿童来说，想要搭完积木火车、读完小说、做完历史调查、完成写作任务、做完科学实验，就是其做所有这些事情的强烈动机。

当被讨论的整体原本是一体的时候，动机能发挥最大的力量。被创造出来的对象，包括审美的对象，最符合这个要求。积木卡车本身是完整的，《动物庄园》（*Animal Farm*）亦是如此。一项历史调查也是有界限的，但是，这一界限总是有一定的随意性，其是实际需要的产物。这就好像是数学家庭作业中的一组问题。完成数学家庭作业，也可以是一种动力，但是，这组数学问题不必有内在的统一性。

如果学生被这种部分－整体动机激励，那么，其假定了学生首先从活动开始。是什么激励学生这样做呢？理由也许源于前两种范畴：纯粹工具性的和内在的。一名教师可能通过依靠调动学生想要获得表扬或者认可的愿望，说服了一个不愿意阅读的学生去读一本故事书的前几页。他知道一旦学生被吸引住了，就不再需要进一步敦促其去读完整个故事了。或者，一个学生只是简单地被一个科目所吸引，例如科学、音乐或者其他科目，这就是为什么她要学习这门课程的原因。

但是，有时候，部分－整体动机的第三种范畴，也能够在最开始的时候引发一项活动。搭建积木卡车有可能是搭建更大的玩具村庄的一部分。儿童想要学会读书，是出于某些模糊的感觉，即他们这样做能使自己更像周围的人。儿童对即将发生的事情有很模糊的洞察力，他们看到周围的人拿起这些形状奇奇怪怪的东西（指书），儿童想要读书，这样他们就能成为新的社会成员（我们或许会这样称呼他们）。

社会层面的部分－整体动机中有一个例子，对于教育者来说特别有趣。很多课程的活动都是这个取向。小学的一堂课上，孩子们正忙着在教室四周的墙壁上画动物。孩子们不仅享受创造熊与斑马这件事情本身，他们之所以做这件事情，也是因为它是集体事务的一部分。

151 社群或者团体可以有规模上的差异。在中学，儿童被鼓励把历史课（实际上是科学课或者数学课）看作使他们成为英国人或者葡萄牙人的必修课。也有一些社群的成员具有不同的社交行为。年轻的足球运动员把自己看作马刺队（Spurs）或者纽卡斯尔联队（Newcastle United）或者更宽泛的球迷协会的一员。年轻的诗歌爱好者逐渐意识到有一群自己未曾谋面的创作者与评论家存在，这些人横跨几个世纪与几个大洲。他们阅读济慈或者叶芝的作品，不仅是为了内在的享受，而且是把它看作成为这个团体早期会员应当做的事情。

除非学生心心念念要属于这些集体或者社群，否则这些社会性动机不能发挥作用。我们再一次回到了教育的基础目标。对此，有一个观点很突出，它必定在别的地方被讨论过，即儿童被这样养育：要为社群中其他人的福祉着想，不管是在家庭、朋友、当地、国家层面，还是在整个人类层面。

一些父母和教师赞同增进社会福祉的目标，他们想培养儿童关爱他人的态度、情感与信念，比如，同情、爱、忠诚、信任、相信每个人生而同等重要的信念。正是这些提供了基本的动机。当涉及特定的活动时，动机越在其位，教育者所能激发的动机就越多。个体不是被纯粹的工具性动机或者内在动机所驱使，其不同于那些比较关注自身性情的父母或者教师（他们比较狭隘地关注世俗的成功、快乐或者儿童的幸福）。这或许部分解释了中国台湾学生对学习的单纯热忱（这点非常出名），其和很强的社会传统有关。

就像先前所讨论过的范畴，部分 – 整体动机的社会因素能够有好的用途，也能够有坏的用途。在当今英国，动机可以源于你的帮派对你提出的要求或者公众的期望通过大众媒体对你产生的影响。什么时候社会的激励是大家想要的，什么时候它又太过了，对此进行反思应该成为每场教师培训的一部分内容。

在这一部分，我探讨了部分 – 整体动机以及它在教育中的地位。尽管我重点关注了社会性动机，但是我也注意到了想要完成未尽的任务时产生 152
的动机。这引领我关注另一种类型的部分 – 整体动机。

创造自我是一项未尽的任务，尤其是对于青少年来说，他们的人生才刚刚开始。如同前面所指出的，让学生完全受内在动机的推动去参与一系列活动（比如说活动范围从田径运动到摇滚音乐与科学）是不够的。人是不可分割的。如果学生不是被自我激励，把他们投身的具体活动与自己的人生宏图关联起来，他们的人生导师就有责任帮助他们这样做。这再一次把我们拉回到对教育目的的讨论。对于那些对这种倡议有感触的学生来说，他们必须首先把自己作为一个完整的人来看待。

如往常一样，不能过于信任这种类型的动机。人类的生活并没有艺术品的所有特征，虽然其有艺术品的一些特征。对于潜水员来说，他所钟爱的水肺潜水器本身有很高的价值，因为其意义主要不在于它在潜水员整体的欲望结构中起作用。这不同于在一幅绘画作品的角落里补颜色。在此，教师和其他指导者需要对年轻人所表现出来的动机进行细致的判断。教师和其他指导者要小心，不要把年轻人的兴趣囚禁在一个个被分割的活动中，不过，他们也要警觉，不要鼓励学生像哈姆雷特似的对自我统一性进行过度反省。

“总有一天，你会明白为什么”

在结束这一部分之前，关于激励的方式，我还要说一句话，这句话是教师过去常说的，不过，把它放在其他标题下不太合适。

比如，当教师试着讲透数学或者科学中深奥的地方时，他们有时会对学生说：“你们现在可能不明白为什么必须学习这部分内容，但是总有一天你们会明白的，并且会庆幸自己学了这部分内容。”如果一名儿童被这样的说辞所左右，那么这是如何做到的？

在这里，信念是核心。这名学生相信教师知道得最多。但是，愿望在这里一定也发挥了作用。她相信教师关于什么知识知道得最多吗？当然，她可能对此不是很清楚，但是，那种知识必定与某种对她有益或者她应该做的事情有关。这名儿童想要对自己的未来有益的东西，并且相信，她的老师知道什么对她的未来有益。对于年仅 10 岁或者 12 岁的她来说，她对好的未来可能包含什么只有最模糊的画面。说她做权威敦促她所做之事，是可以理解的。

在这里，基本的问题是，教师是否真的知道什么对这位学生是最好 153

的。就我所知，对于好的生活，没有人是专家。的确，在某些情形中，教师可能有相当坚定的理由对学生进行这类激励。就认字或者日常生活中会用到的数学知识而言，毫无疑问，儿童学会了这些东西后会很高兴。

但是，学校与教师有时踏入了更加不确定的领域：过去是拉丁语与希腊文或者背诵《圣经》中的章节，如今是中学的各门课程。学生对教师智慧的信任并不总是依赖于教师明确地表达出来的东西。有时候，学校的风气就会强化这种信任。我记得在我 12 岁时，我认为自己最好永远放弃科学这个学科；后来，进入六年级时，为期两年的中世纪历史的学习经历对我来说非常完美。学校在这两个科目上犯了多么大的错误！

培养儿童行为的理由

动机也属于教育的内容。父母与教师有责任引导儿童去理解就行动而言什么算是好的理由。

刚开始，年龄最小的儿童的行为很像动物。他们具有一定的（天生的）欲望，并且依此行事。渐渐地，当他们发展出必需的语言和概念能力，他们采取行动时就开始有理由支撑了。他们能够告诉你为什么自己看柜子里面，由此，我们能揭示出他们对欲望结构和信念结构——我们依赖于此来解释人类的行为——内在的领悟（他们看柜子里面是为了找饼干；他们相信，饼干被放在那里）。

随着他们年龄的增长，他们的抚养者帮助他们扩展这些结构，使之更为复杂，并且形式更为适当。他们的欲望变得更加确定：让身体感到愉悦的练习变成比较具体的玩排球或者轮滑；而全新的欲望——演奏乐器，做数学题，打情骂俏——逐渐嫁接在旧的欲望上。不良的欲望被筛除。被接受的欲望被系在一起，处于复杂的、层级化的目标 – 手段的结构和部分 – 整体的关系之中。

信念也会经历类似的转变。儿童在不同的领域接受越来越多的信息，
154 其中大部分信息能够被纳入行动的理由中。错误的或者没有根基的信念被

筛除。（年龄大一些的儿童为了得到同龄人的认可，可能会吸烟。这种信念对吗？如果吸烟是获得认可的一种手段，那么，它算得上是好的手段吗？获得群体的认可为什么很重要？）在日益复杂的思想结构中，那些符合要求的信念通过逻辑关系联系在一起。或者，这至少是一种理想，然而，很多儿童实际上缺得太多了。

必须对欲望结构与信念结构的扩展多做一些研究。学生必须学会在相互冲突的欲望之间进行选择，依照他们所选择的一种欲望来行动。他们想要吸烟，同时他们还想要健康。他们需要形成二级欲望，即健康的欲望战胜吸烟的欲望。随着年龄的增长，他们的欲望也在增加，他们可能要面对越来越多难以处理的冲突。在他们年少时，他们的父母和教师手把手地帮助他们解决这些冲突。如今，逐渐地，他们自己管自己，自主地判断自己要做什么。

培养儿童对自己与他人动机的理解

我们对自己动机的理解与对他人动机的理解并不一致。我们自己的动机大部分向我们敞开。我们知道，我们为什么要给人写信，或者我们为什么要买去伍德格林的汽车票。如果我们看到陌生人做这些事情，我们不会立刻知道原因。我们必须求助于证据，比如，他或者她所说出的理由。

这种主张需要在两个方面加以限定。我们并不总是知道自己的动机。一个人可能会对自己说，他对一个女生感兴趣，只是因为她的才智，无论如何都不想承认自己是被她的性感所吸引。同样，他人的动机也决不总是像上述例子那样不透明。如果我看到邻居在干燥的天气里浇灌她的花园，我不需要做那些类似侦探做的工作就能知道，她不想让她的植物缺水。

这些论述为教育动机开辟了新的方向。浇灌花园的例子提醒我们文化
155 背景的重要性。至少在宽泛的层面上，我们都知道人们在想什么。当人们用喷洒壶喷水，或者当人们在手机上敲出数字，或者当人们在超市拉出手推车，我们知道他们是怎么想的。在这里，我们都共享这些理所当然的背

景，但是对于来自完全不同的文化的人来说，他们则不能理解上述事情意味着什么。

十分年幼的儿童有点类似于族群的人。我最近在艺术画廊听到一个小女孩问关于德加（Degas）的裸体画的问题，她问道："为什么他们把这样的裸体画挂在这里？"当时我正好经过，我听到她的妈妈小心地解释皮肤上的光点。这个妈妈在让女儿逐渐了解一种她将来会习以为常的眼界，这个眼界被所有西方艺术爱好者所共享。

儿童需要被带入他们自己所在文化的动机结构中。它们很快就会成为他们的第二本性。但是，对儿童的教育远不止这些。至少有三种不透明的动机，他们需要获得额外的指导才能明白。第一种与他们自身没有意识到的动机有关。我并没有想到各种深层次的压抑——它们与心理病理学有关，而是想到了更加常见的例子，即对我们所有人都有影响的自我欺骗。在学生自己的兴趣当中，他们应该意识到，他们可能有那种他们自己都不情愿承认的动机。文学作品中有很多这样的例子。

第二种与文化有关。由于世界多元文化共存，迫切要求人们能够理解来自其他文化的人的行为。一方面，要学习文化；另一方面，要避免成见，或者要拓宽自己的文化眼界，熟知异域风情。

第三种动机较为隐蔽。那些与你共享文化眼界的人的动机并不总是像园丁或者用手机的人的动机一样一目了然。有时候，他们的动机只是看似显而易见，就如我最近作为陪审团的成员审理的一件假扮警官的案子中的罪犯，他挨家挨户地敲门，平淡地宣布他正在调查该区域内的抢劫案，同时，他的同伙就一家一家地偷订婚戒指。学生需要智力上的训练，以对付欺诈的艺术家和具有欺骗性的友好的销售员或者广告商。

平日里，动机在刚开始时比较难以察觉。我们就是不能理解为什么朋友一反常态，对我们这么客气，或者为什么首相要推迟议会。在这里，学生需要掌握适当的知识资源。总的说来，在第一种情形中，要对人类本性有细致的理解，在第二种情形中，要洞察英国政党的政治活动。

156 所有这些观点指出了学生在理解自己的动机以及别人的动机时所应把握的复杂性。现代社会包括大量机构，每一个机构出于自身的理由向人们展现出简化的、刻板的动机情景。肥皂剧、小报、广告展示了人（常常是在短期内）被金钱、性、权力、认同、舒适、安全这些欲望所左右。政治运动把简单低俗的动机归到不受欢迎的群体的身上，比如纳粹对犹太人所做的一切所体现的动机。要让学生逐渐领悟动机世界的复杂与精妙，由此，学生能被武装起来，对抗这种简化论。

我已经在这种启蒙对我们自身福祉所产生的外在好处的基础上，或者从我们作为公民这个角色的角度，为这种启蒙进行了辩护。但是，它同时也有内在的好处。对于我们大多数人来说，他人的动机本身就很迷人。流言蜚语利用了这一点。历史书、戏剧、小说、电影、侦探小说也同样如此。父母和教师应该并且务必保证儿童将来有能力享受所有这些快乐。

小结与要点

从哲学视角讨论如何激励儿童，最好的方式就是从人的主动性这个比较一般的概念入手。要引导儿童理解主动性，就要带领他们逐渐理解人们行动的理由（也请参见第 6 章对实践性思考的分析）。这些理由既包括信念（参见第 3 章），也包括欲望。行动的理由不总是能被主动者的心灵意识到。动物也是主体，尽管我们尚不清楚它们是否有行动的理由。动机作为行为的理由，既可以是内在的也可以是外在的。外在的动机既可以是纯粹工具性的，也可以是部分 – 整体的，也可以是朝向过去的。

激励儿童学习是一项实践性任务，对此，哲学不能给出具体的建议。然而，哲学能够提供有用的框架。儿童的信念和欲望也需要我们加以注意。这一章讨论了依赖于纯粹工具性的动机、内在的动机以及部分 – 整体动机的好处与坏处。一定程度上，教育是培养儿童良好的行为理性的事业。教师和父母也有责任帮助儿童去理解他人以及自己的动机。

拓展阅读

157

关于人的主动性、动机以及相关的概念，有几本书从哲学层面进行了很好的论述。简短的论述可参见麦金的《心灵的品性》的第五章，塞尔（J. Searle）的《心灵、大脑和科学》（*Minds, Brains and Science*）的第四章，肯尼的《心灵的形而上学》的第三章，哈姆林的《动机》（Motivation）一文。《动机》这篇论文被收录在库珀主编的《教育、价值与心灵：纪念彼得斯文集》（*Education, Values and Mind: Essays for R.S. Peters*）中。

就我目前所知，先前的教育哲学著作没有对广义上的动机进行讨论，这有些奇怪。上面提及的哈姆林的文章，基本上属于普通哲学的范畴。麦金太尔在《依赖性的理性动物》第八、九章中论述了年幼的儿童如何学习，进而成为独立的实践理性主体。麦金太尔在这本书的第六章中反对肯尼认为动物具有行动理性这个观点。

158

第 9 章　情感教育

什么是情感?

情感是感觉吗?

现在，我们从上一章动机这个主题转向情感这个主题，两者密切相关。我在写作的时候，听到杰米（Jamie）在邻居家院子里发脾气。杰米 3 岁 9 个月大了。4 个月前，他妈妈生了第二个孩子凯瑟琳（Catherine）。在那之前，杰米和妈妈几乎所有的时间都待在一起。“我从不想去其他公园”，他曾这样说。杰米人见人爱，阳光开朗，如今却“乌云密布”。当我看见他或者听见他的声音时，他经常是痛苦、粗鲁、郁闷的状态。他对凯瑟琳的感觉如何？或许是一种混合了仇恨、羡慕、嫉妒的感情。他对妈妈的感觉如何？恨还是生气？失望？希望回到从前？

所有这些都是情感。恐惧、羞愧、内疚、窘迫、焦虑、轻视、喜悦、同情、骄傲、压抑、爱、惊奇，也是情感。我想每个人在这点上都会达成共识。但是，情欲是什么呢？它是一种情感吗？如果情欲是，那么，饥饿或者口渴是吗？像这样的身体冲动是情感吗？如果它们不是，理由是什么？

我暂时搁置上面最后一个问题，回到没有争议的内容上。它们的共同点是，它们都能够被感觉到。情感是感觉。如果存在情感教育，那么就必定存在感觉教育。

目前为止，听上去还不错？不尽然是这样。情欲再一次冒了出来。饥饿和口渴亦是如此。因为感觉也参与了所有这些事情。感到害怕与感到饿极了之间有明显的差异吗？

我从害怕说起。与这种情感相关的是哪种感觉？

事情会是这样的吗？假设一名儿童感到害怕是因为一个人的举动，这 159
个人手拿一把刀，走在街上，走在这名儿童的前面。这名儿童看到了这个人。这在他的心中引起了害怕的感觉。相应地，他拔腿就跑。

这个过程始于物质世界——一个人拿着明晃晃的东西，这个东西映入儿童的眼帘，终止于此——儿童的腿部肌肉开始运动，使他远离这个场景。在开始与结束中间，存在着精神世界中的事件。从眼睛到大脑的神经传输，在这个儿童的心灵中引起了害怕的感觉。这种感觉由此影响了大脑的其他部分，使得它向腿部肌肉和身体其他部分的肌肉传递信号。

在这种笛卡尔式的论述中，情感显现为感觉，其显现方式与疼痛或者饥饿大同小异。同样的因果论述也可以被用来说明在花园玩耍的女孩，她被玫瑰花丛的刺扎伤，这使得她感到疼，相应地，她拔出了刺。就好像被刺扎到、被蜜蜂蜇了、牙疼、头疼都是截然不同的感觉一样，害怕、羞愧、窘迫、生气，亦是如此。当然，愉快的情感也是如此，比如，喜悦、爱、自豪。在这种论述中，它们是截然不同的愉快的感觉，就好像被轻抚、沐浴在温暖的阳光下、被挠痒痒这些愉快的体验一样。

于是，把饥饿、口渴、情欲这些感觉与高兴、藐视、愤怒这些情感放在一起，就没什么难度了。

它们可以被教给儿童吗？

或者，有这回事吗？记得在第 1 章中，我曾说过所有心灵生活的领域都是可以教给儿童的，除了疼痛与其他感觉。牙疼不能够通过学习或者他人的教育而得到改善，信念或者知觉却可以。对付疼痛是医生的工作，不是教育者的工作。接下来的结论似乎是，如果情感是另外一种感觉，那么就不可能培养它们。

许多教育家对这种直言相告会感到非常开心。他们会说，教育与智力有关。它与塑造学生的思考能力、深化与拓展他们的理解力、让学生对自己的信念形成自我批判的态度有关。所有的感觉都处于这个领域之外。

有人也许会反对，即使在智力主义者的教育观念最盛行的地方（比
160 如，在英国的公学），很多人也关注情感，只不过它们处在严格的控制之下。从韩国到加拉加斯，保持上嘴唇坚硬[1]的概念是和顶级英国私立学校之中的情感教育联系在一起的。

但是，这种反对意见不可能难倒智力主义者。“不是情感本身得到了改变”，他们会这样回答。“‘情感教育’这个短语不妥当。伊顿或者温切斯特校长教导他们羞怯的学生控制自己对害怕和其他感觉的表达，包括控制自己的面部表情。这的确是一种能够被教会和学会的技能。但是，它却让情感本身——私密的、不可见的、内在的感觉——完全不被触碰。”

有任何答案能够回答他们吗？能够向他们表明，关于情感的非发展性是一个错误吗？能够向父母和教师表明，他们能够在教育意义上而非医疗意义上使儿童的焦虑、尴尬有所缓和吗？即，他们能够改变情感本身，而不仅仅是它们的外在表现吗？

情感与对象

我要回到那个拿着刀让男孩感到害怕的人。这个例子的特点在于，男孩害怕那个人。这似乎不值一提，因为太明显了。然而，这点却非常重要。因为，它揭示了这个信息，即害怕是对某物或某人。我们不能只是怕，就到此为止了。我们总是对某物或某人感到害怕——抢劫犯、别人对我们的看法、未知的东西、外星人、鼻涕虫。用第 1 章的术语来说，害怕指向某个对象。

其他的例子提示我们，情感所指向的对象不需要在现实中存在。一名

---

① 这是英国的一个俗语，常被用来描述英国人在面对逆境时所表现出的坚韧不拔的精神状态。英国人认为，上嘴唇发抖代表一个人软弱胆小，而上嘴唇坚硬则代表人坚强。这个俗语也可以用于表示一个人在表达感情时表现出极大的克制。——译者注

年幼的儿童可能害怕鬼怪、恶魔或者阿尔法星系的统治者，虽然这类事物不存在。我们会再谈到这点。

正如儿童如果没有对某事物感到害怕就不会害怕一样，儿童如果没有对某事物感到释怀就不会感到释怀，或者，儿童如果没有同情某人，其就不会感到同情。类似地，爱是对某人或者某物的爱，生气是生某人或者某事的气。这个普遍的观点在多大程度上也适用于羞愧、内疚、遗憾、自豪、怨恨呢？

情感的所有情形都被导向对象吗？假设一名青少年在早上醒来，一切显得黯淡无光。他发现自己情绪不高，无力摆脱这种状态。这不是他对特定的事情感到情绪低落——他的人际关系、考试结果、未来。他只是感到 161
情绪低落，仅此而已。

这是情感是意向性现象这个主张的一个反例吗？我想，不尽然是。这个例子表明情感不是一个边界清晰的概念。它具有模糊的边界，与其他的事物有重叠的地方。在这个边界的某些地方，人们可能会发现没有对象的情感，就好像上面所提到的低落的情绪。是把它叫作情感还是叫作心情，我们并不清楚。

在这种观点下，暂且不论模糊的边界，我们依然可以坚持这个主张，即情感具有对象。的确，感到情绪低落是真实的感觉。仅仅是在某种情形下，或许由于一些生理上的原因在起作用，一个人情绪的低落与别的事情无关。稀松平常的事情也能让一个人情绪低落，例如，得知朋友身体不好、课程的结业成绩很差、与男朋友分手。

如果所有这些都是对的，那么情感与感觉根本就不是同类事情。喜悦、骄傲、爱、生气与牙疼、忐忑不安或者被轻抚的感受绝对不同。它们不同于因饥饿、口渴或者情欲而体验到的痛苦的感觉。这些感觉没有指向某个对象。出于这个原因，它们是不受教育影响的。情感是可教的，因为它们是有指向性的。

再回到手中拿刀的那个人。在之前的论述中，儿童对他感到害怕，这个人引起儿童生理兼心灵的连锁反应，进而使儿童产生了害怕的情感。在这种视角下，情感是可以描述的，不用涉及那个人。但是，正如我们现在所理解的，如果害怕不仅仅是害怕，而且是害怕某物或某人，那么那个男孩所感受到的情感就必然涉及对象，即那个拿着刀的人。因此，先前的论述好像有不足之处。

当初，使这一点很难理解的是，在这个例子中，那个人既是男孩害怕的对象，也是让他害怕的原因。在其他例子中，原因和对象是分开的。假设我现在希望自己不久后就中全国性的彩票。我所希望的是成为中彩票的人。但是，这也是原因吗？应该不是。因为我成为中彩票的人可能永远不会发生，而只有发生过的事件才能引起我现在正体验着的充满希望的感觉。无论让我产生希望的原因是什么，原因不会是未来极不可能发生的事
162 情。我们宁愿把中彩票这类事情看作傻子有傻福或者是撞了大运。

重申一下，对象不必是现实中存在的事物，和此处要讨论的话题相关。就好像我会对不存在的事物感到害怕一样（比如邪恶的鬼怪），我（几乎是确定地）能对不存在的对象心存希望，比如，中全国性的彩票或者死后进入天堂。其他情感遵循同样的模式。我对我从未犯过的罪感到内疚，对幻想中的轻蔑感到愤怒，等等。

情感与思想[①]

所有这些如何对情感教育产生影响？我们在第 1 章论证过，心灵的状态被导向意向性对象，这个过程也伴随着概念的运用。如果一名儿童对某事物感到害怕，那么，他自己就必定有某种方式来概括这个事物。他必定是将这个事物作为某物或者其他的东西而对其有所觉察。在上面所给出的例子中，小男孩害怕一个手里拿着刀的人。这就是他概括对象的方式。有

① 就目前所知，在英语中，“thinking”侧重于表示作为动词的思考，而“thought”则侧重于表示思考后所产生的结果。因此，在这一节以及与此相关的主题中，我把“thought”译为思想，把“thinking”译为思考。——译者注

许多别的方式来描述那个人——光头、穿着厚夹克、足球迷……，但是这些都不是感到害怕的人描述其所害怕的那个人的方式。男孩把这个人看作手里拿着刀的人，这点至关重要。为什么这么说呢?

就像其他情感一样，害怕伴随着对对象的特征的认识。对那个手里拿着刀的人的害怕伴随着这样的想法，即他有可能会伤害我。如果一名儿童对老师感到害怕，她就把老师看作可能会伤害她的人，比如嘲笑她。概括地说，个体对 X 的害怕涉及其认为 X 很有可能做出伤害行为的想法。

那么，其他情感又如何呢? 我刚才讨论过希望。如果我们对某事心存希望，那么，我们对此有什么样的想法? 如果参加考试的人希望通过法语考试，那么，他显然认为这对他来说是件好事。更加完整与概括地说，如果某人希望 X，那么，他就会从他的角度把 X 看作可取的，看作将来可能会但也可能不会发生的事情。

同样，对某事（你的弟弟把果汁洒到你的漫画书上，或者不能出去玩）感到生气，就是把它看作某种挫败。儿童对某事感到骄傲，他们把
它看作自己的成就（如他们从学校带回家的拼贴画，被刺扎到却没有哭） 163
或者是与他们有密切联系的人或者物［家里的新车、曼联队（Manchester United）］的成就。当他们在感到内疚时，他们就认为，自己做错了一些事。羞愧却不同。当他们在为自己的所作所为感到羞愧时，他们认为自己没有达到一些人或者公众所期望的道德标准。

也许不需要阐明与同情、遗憾、蔑视、爱、悲伤、喜悦以及其他情感有关的想法类似的想法了。一旦原则清楚了，弄明白它们也就不难了。

使得一种情感区别于另外一种情感的是独特的想法。当然，情感之间彼此不同，还有许多其他的方式。比较一下害怕与生气。在比较极端的情况下，它们与极为不同的身体上的感觉联系在一起：一种情形是颤抖或者忐忑不安，另外一种情形是气急、“冒烟”的感觉。由此，害怕与生气在儿童面部表情、身体姿势、行为举止上所展示出来的方式也就有所不同。一个感到害怕的人看上去脸色苍白、后退、准备逃离危险，而感到生气的

人则看上去面色发红、皱眉、身体前倾、想反击。在生理学层面上，某些情感——包括这两种情感——的化学分泌物也存在着可以检测到的差异。

但是，所有这些差异——身体感觉、表情、行为、生理现象——总的说来都太过于明显，反而不足为信。有些情感不是很强烈，就不能伴随着可以被肉眼所看到的身体感觉。想象一下，心平气和地希望下周的天气能更好一些，但是，个体不太执着于此。不是所有的情感都以外在的表情或者行为而被揭示出来：我们不会使羞愧或者喜悦溢于言表。生理学不能判断藐视与厌恶之间或者遗憾与同情之间的差异。

想法是确认一种情感的关键。情感之间彼此越接近，这点就越明显。如何区分生气与愤怒？依据刚才提到的指标是没有办法将两者区分开来的。当人们生气或愤怒时，人们看起来没什么两样。然而，生气的人不一定是愤怒的人。如果坐拥挤的地铁回家时，有人踩了一个小学生的脚，这个学生可能会生气，但几乎不会愤怒。愤怒在我们受挫的意图之上。它也
164 伴随某种道德的指责。初中生对他的老师感到气愤，是因为在这名学生的眼中，老师错误地指责他捣乱。他认为老师错怪了他。

依照情感中蕴含的想法，情感可以被分为道德情感和非道德情感，前者所蕴含的想法中包括一些道德上的概念，后者则不包括。内疚与愤怒同样是道德情感。内疚与被人认为犯错有关。内疚与愤怒不同，前者伴随着的想法是，当事人认为自己做错了事情。非道德情感包括害怕、希望、悲伤、骄傲。这些都不是必然指向道德层面的错误。

从时间维度也能对情感进行分类。有些情感面向过去。感到生气就是看到某人或者某事已经让我们受挫，就好像我们因自己做错了事情而感到内疚一样。而希望从另外一方面来说则是面向未来的。其他指向过去的情感的例子还有羞愧、尴尬、悲伤，面向未来的情感的例子有害怕、焦虑。不是所有的情感都如此清晰。喜悦或者高兴面向现在——正在听唱片，也面向过去——听到了好消息。骄傲常常指向过去的成绩，但并不只是指向

过去。一名学生可能为自己的正直品行而自豪，她把这种品行看作自己现在所拥有的，并且将继续拥有的特质。与复仇相伴随的想法是，面对已经发生的事情，我们要这样做或者应该这样做。

有些情感本质上指向当事人自己。如果一名儿童感到内疚，他必定认为自己做错了事。如果一名儿童感到自豪，那么他（或者那些与他有密切联系之人）必定做了某件好事。羞愧、尴尬、悔恨也属于指向自我的情感范畴，它们不同于厌恶。有些人可能对自己做出的不好的行为感到厌恶，他们也可能对他人的行为感到厌恶。

与情感相关的想法无遗漏地区分了令人愉快的情感和令人不快的情感。一边是爱、喜悦、希望、自豪，一边是生气、遗憾、悲伤、害怕、焦虑、羞愧、轻蔑。成对的情感可以用这种方式划分，尽管它们中每一个都共享同一个想法的一部分。幸灾乐祸与同情所关联的想法是有人不开心，不过，有同情心的人不愿看到这种状态，而幸灾乐祸之人却对此洋洋得意。

喜鹊会感到羞愧吗？ 165

情感不限于我们人类。其他动物至少也有一些情感。猫、兔子、小羊驼以及其他物种天生就会害怕。动物生理结构上的优势使其能应付即将到来的危险，这不令人惊奇。在这里，情感与想法之间的联系就不是问题了。如果某些动物如第 2 章中所说，有符号认知能力，那么它们可能就会看到极有可能会伤害它们的捕食者。

同时，其他动物的害怕不具有我们在人类生活中所发现的丰富的内涵。它们的未来的概念的时间范围必定是极小的，最多也就局限于眼前。与其他动物不同，我们会对若干年后发生的事情感到害怕，比如害怕死亡。同样，我们的危险的概念也比动物的复杂得多。我们不仅会对身体上的伤害感到害怕，而且会对心理上的伤害感到害怕。每一种伤害都有数不尽的分支。并且，我们还会把特别的伤害与更为宽泛的幸福联系在一起。

从基因上说，我们的情感生活根植于我们的本性，这种本性是我们与动物所共有的；但是，我们的情感生活远远地超越了我们的本性。情感的全部类型并非都适用于动物，因为动物缺乏概念，而典型的思想依赖于此。如果我们假定，灰狗和喜鹊没有自我这个概念，那么，它们就不会产生指向自己的情感，比如羞愧或者自豪。因为它们没有他者的概念，所以，就不会产生爱、轻蔑、同情的情感；因为没有道德的观念，所以，就不会产生内疚或者愤怒的情感。

一时的情感与持续存在的情感

在某种特殊的情况下，儿童可能会为他所取得的成绩感到自豪，红光满面，比如在学校的绘画比赛中获奖。在这里，他所产生的情感是当前的经历。但是，他的自豪可能会持续很久，不是说他红光满面的状态会持续几个小时而非几分钟，而是说，他仍旧为自己的成就感到自豪，比如，他的长相、性格，即使他当时没有体验到这样的感觉。他总是一个自豪的人，即使他睡着的时候亦是如此。

我们能在其他的情感之间做类似的区分：被抢之人被攻击时感到害怕
166 与一个人经常害怕被抢；对他人所说过的话表示蔑视与之后的很多年一直蔑视他。

所有这些把我们带回到第 1 章中对一时的心灵现象与持续存在的心灵现象所做的区分。这种区分也适用于情感：一类是情感体验，另一类是性情：爱、恨、喜悦、同情或者郁闷。

这种区分也和与情感相关的想法的类型有关。一个孩子受到攻击后一直害怕，这种害怕与持续存在于他心中的信念，即他会被有武器的人威胁，联系在一起，即使他并不总是意识到这点。一旦他真的看到一个手拿刀子的人，（一时的）害怕的感觉就会让他产生（同样是一时的）判断，即这个人对他构成了威胁。当然，如果他做出了这个判断，那么他也必定相信那个人对他构成了威胁。判断依赖于信念，但是，即使当时没做出任何判断，我们也可以具有信念。

情感、感觉、欲望、行为

情感不只是存在于想法中。如果真的是这样，情感就纯粹是头脑中的现象。显然它不是。感到悔恨不等于用平心静气的方式来判断我们所做过的事情在道德上是错的。悔恨搅扰我们的内心，使我们坐立不安、痛苦万分。情感一般与身体上的感觉相伴随。

通常情况下是这样，不过这不是一成不变的。轻微的悔恨有可能会拖垮我们，但是，我们不会感到阵痛。有些情感可能脱离身体的感觉，几乎纯粹是思考的结果。

身体上的感觉降临到我们身上：面对它们，我们是被动的。有些作家心中有这种感觉，极力主张情感完全是消极的。但是，果真如此吗？许多情感（如果不是全部）与行为和愿望有关。对某事感到害怕的儿童（和动物），常常想要逃离它，或者试图避开它。他们如果感到生气，就想予以反击；他们如果同情对方，就想给对方以安慰和支持。情感与行为之间的一个联结点在于，情感也可能是行为的动机。儿童可以是出于害怕、报复、感激、爱、仇恨而采取行动，就好像他们出于非情感方面的状态（如饿、口渴）而采取行动一样（参见第 8 章）。

不是每种情感都与从行动层面予以回应的欲望相伴，也不是每种情感都与行为本身相随。行为能够被阻止。在战场上的士兵可能由于害怕而呆
住了，但仍坚守着他的阵地。在这种情形下，他可能仍旧想逃跑，虽然他 167
控制住了这个念头。在其他一些情况下，甚至做某事的欲望都丧失了，比如，悲痛如此强烈，人完全不能自已。

情感学习

通过先前的讨论，有一件事情应该已经明朗了。情感是不可教的，这个观点是无稽之谈。只有情感被同化为感觉，这个观点才可信，因为感觉不能通过学和教得到改善。关于学生的情感生活，父母和教师能做的最多就是帮助他们控制肢体动作、面部表情等。害怕会让人产生逃离危险的倾向，但学生经过训练可能会坚守阵地。他们可能被训练不要展示他们的轻蔑或者气愤。

尽管情感一般包含感觉，但是情感并不能被简化为感觉。情感涉及对情感对象的想法。为什么情感教育是可能的，这就是主要的原因。想法——无论是诸如判断这样的一时的想法，还是诸如信念这样的持续存在的想法——能够通过学和教而得到改变。我稍后会论及这点。但是，我们要记得，情感不只包括想法。其核心也与感觉、肢体动作、愿望和行为有关。

尽管在感觉方面教育者做不了什么，但是其他事情在他们的职责范围内。悲伤或者高兴的面部表情和其他迹象能够被抑制住，也能够被展示出来或者被伪装出来（当情感本身缺失时）。行为也是如此。作为品德教育的一部分，人的表达、行为、欲望都能够被细致地塑造。

思想是关键

那么，父母和教师关于思想教育能够做些什么呢？假设有一名幼儿怕黑。她把黑暗，比如她卧室里的黑暗，视为某种威胁。她带着这个信念生活，即使其没有刻意地想起它。她上床的时候，这种想法被激活，成为当时压倒一切的想法，即有东西可能在窗帘后面移动，黑暗中充满了数不尽的邪恶的鬼怪。

168 如同我前面所说，情感有所指向。情感所指向的对象，可能存在，也可能不存在。在上面这个例子中，对象是什么？说儿童怕黑太简略，完整的说法是，由于这名儿童把黑暗理解成其中充满了看不见的、有可能会对她产生危害的存在物，因此，她害怕黑暗。对对象具体而比较完整的说法告诉我们与她的害怕相关的想法，即她所持的信念，有时候具化为一种判断，即看不见的鬼怪潜伏在黑暗中，散发着危险的气息。

她害怕的对象并不存在。黑暗中并没有鬼怪这样的东西。换句话说，她的这种信念是错误的。父母和教育者所要做的，就是引导她明白这点，改变她对情景的感知，使她的想法逐渐与现实相符。

在某种意义上，情感教育的这个方面类似于用更接近事实的、有充分依据的信念代替儿童关于自然界、数学、人类事务的错误的或者没有根据的信念。教育理论工作者除了教授事实，无暇顾及其他，这使得情感的发展未被纳入教育的范围之内。例如，狄更斯笔下的葛莱恩先生表明，教育者对事实的关注要多于他们对儿童情感的引导。但是，害怕黑暗的例子表明这种想法是多么粗浅。因为它表明，在教育者通过情感教育引导儿童的过程中，事实是最重要的。

儿童如何做到这点是另外一件事情。再次向儿童保证黑暗中什么都没有，黑暗就只是黑暗，这太简单了。或者，改变看法需要花时间。这个女孩可能懵懂地认识到，她妈妈告诉她的是真的，但是，她总是想着那儿在发生着什么的习惯可能很难消除。但是，无论学习是如何发生的，幻觉都将会被现实取代。

那么，情感教育的一部分内容是消除儿童对某些对象的一些感觉，途径是除去他们对这些对象所产生的错误的信念或者毫无依据的信念。反种族主义的教育有时候采取这种形式，例如，儿童对其他群体的仇恨或者蔑视是基于一些不正确的信念，如其他群体智商低，有犯罪的倾向或者很贪婪。

这与消除儿童对黑暗的害怕不同，它常常是教师的任务，而不是父母的工作。随着儿童逐渐长大，习惯于这样的观念，即不应该不经批判就接

纳某个信念，他们就越发能清晰地注意到蕴含于情感态度中的信念，进而
169 考察这些信念的可信度，比如，通过班级内部的讨论。因而，在他们的个人生活中，他们就极少被引偏，或者从公民的角度说，他们的情感就极少被政客、煽动者、广告商左右。

但是，在何种程度上这能发生？

他们可能会成为比奥赛罗（Othello）更能干的人，去检查自己毫无依据的嫉妒心理，或者他们还不如奥赛罗。他们有可能有能力看穿具有煽动性的崇拜和仇恨。但是，他们更有可能要去面对以日常为基础的情感控制，这将更加微妙。

想一下许多电视和报纸上的广告所引起的羡慕。如果我盼望自己像标致牌汽车广告中的人一样，不受约束、拥有财富和知心的伴侣，那么，我的这种心愿背后的信念没有任何错误或者毫无依据之处，如果我能拥有这些东西，那真的很不错。在这个意义上，它不是非理性的。

当然，广告商也暗示，如果我买了台标致牌汽车，我就会像广告中的人一样，成为他的同盟，拥有他的其他优点。这几乎绝对是个错误的信念，必须予以质疑。但是，羡慕一个人这件事所反映的关系，与黑暗中有鬼怪，因此不得不害怕黑暗的错误信念所反映的关系并不一样。前者是一种关乎工具性效用的信念，着眼于拥有财富和伴侣。学校能够并且的确有助于学生分析并且评价这种工具性信念和关于情感对象的错误信念。

那么，情感教育的过程就具有一些复杂性。就这个方面而言，在放下汽车的例子之前，我要对它所引起的羡慕进行进一步的评述。如同我们所看到的，羡慕拥有车的人，显然不是一种非理性的情感。它与害怕黑暗不同。然而，我们想说，对于这种羡慕，有某种东西至少使它遭到了质疑。因为这里所争论的问题是与繁荣兴旺的或者成功的人生的潜在画面相伴随的暗示，即成功依赖于金钱和魅力。

这里所指出的是，情感不仅在正确与否或者有无良好的依据方面被评估，而且也在伦理方面（就它们所体现出的价值观的价值而言）被评估。

这也是它们在教育中的地位的一个方面。

到目前为止，这个部分集中探讨了教育者能够为介入儿童情感中的想法（既有信念也有判断）做些什么，并且，探讨了当儿童走偏时，他们如何帮助儿童质疑和修正这些想法。但是，情感教育比这要宽泛得多。它关注男孩和女孩成长为某种类型的人，而不是仅仅关注他们作为一个理性的人所拥有的能力（虽然这点很重要）。 170

表达、愿望、行为、美德

情感包括思想，但是超越思想。它们一般也包括愿望。正因为如此，情感也是行为的动机。例如，感到生气，常常带有想报复的愿望。

情感也涉及表达。人在悲伤时一般表情严肃，嘴角下沉，行动迟缓；羞愧时常常脸红或者把脸藏起来。我们可能感受到了这些情感，但没有表达出来，但是，情况并不总是这样。

在情感教育中，父母和教师有助于塑造儿童的欲望、行为和表达。尽管所有这些都有生物学的根源，但是，它们大量地依赖于文化的规范。在任何一种养育形式中，生物学意义上的被植入的欲望——害怕时逃跑、生气时想予以反击——总是被严格地规定。儿童被教导要经受住他们所感受到的各种恐惧，不要总是妥协。不同文化对此所采取的方法可能有所不同，但是，每一种文化都会有自己培养儿童适当的性情的方式，以让他们具有或者不具有某些欲望，在不同的情形中有所行动或者不采取行动。经过一段时间的学习之后，他们开始对具体的情形极为敏感。

在英国以及更广义的西方，儿童被教导不要害怕青蛙或甲虫，不要害怕黑暗或者长胡子的人，因为这些事物和人本身并不值得害怕。儿童被教导，在面对这样的事情时，甚至都不应感到害怕，也不要想着避开它们。蜂房附近的蜜蜂、没有被牵住的狗、公交车和汽车、冷酷的熟人则另当别论。儿童必须认识到害怕这类事物和人，远离它们，是很正常的。到底怎么做，要依不同的情况而定。蜜蜂常常是一种威胁，除非一个人受过训练，能够对付它们。公交车和汽车有时也很危险，因此我们过马路时要小心一些。没有被牵住的狗很有可能不可怕，如果它们是你的宠物而非不认识你，它们是卡可犬而非罗威那犬，它们是老犬而非年轻的犬。

当然，细腻的调整远远多于此。我不是主张，在所有这些领域，儿童
171 在自己想要做什么、采取何种行动方面，要学习清晰的规则。他们要学会更加积极地应对不同的情形。至于我们身体层面的害怕，从年幼时，我们就学习依据情形，用不同的方式去感受什么、想要什么以及做什么。

据说，对于做什么、想什么，年幼的儿童的确需要明确的指导。“面对你的恐惧，卡尔！”一位妈妈对她 7 岁的孩子说道。一只蜘蛛在这个孩子所采到的黑莓枝上，他受其困扰。他要做什么？他要如何面对他的恐惧？他妈妈的命令意味着什么？

它能意味着“虽然你害怕蜘蛛，但是，你要克服这种恐惧，不后退，站稳，甚至拿起蜘蛛”吗？这代表着坚定沉着，但这似乎不是非常好的建议。如果儿童发现黑莓枝上的蜘蛛无害，不是狼蛛，那么让儿童了解关于蜘蛛的知识，似乎更明智。只有一些恐惧是人不得不以坚定意志、冲锋陷阵的方式去面对的。其他的恐惧必须被消除，就好像那些与蜘蛛有关的恐惧。

情感教育与品德教育重叠，或者与美德教育重叠。美德是品德的质量，用上面所描述的方式，美德敏锐地应对不同的情形。公正、慷慨、慈爱、友善、有远见、自信，都是美德。

有些美德，比如勇气，规范着我们感受和处理害怕与绝望等情感的方式。

其他美德不规范我们的情感，但是规范我们身体中的欲望，其最通用的名称是节制。这个美德有助于我们控制自己天生对食物、酒水、性的欲望。就食物来说，做到节制就是把握好在什么场合吃、吃多少、在什么时间吃是恰当的。

除了节制，大多数美德可以帮助我们管理我们的情感生活。有勇气的

人是那些在恰当的界限内，控制生理层面或者非生理层面的恐惧的人。好的脾气使我们能调节怒气，指导我们在何处、何时恰当地感受它或者做出恰当的行为。与此类似，我们也都需要做到敏锐地控制我们的同情、悲伤、愉快等。

应该朝什么方向塑造我们的情感生活，这主要是伦理学问题，不在本书的讨论范围之内。这又会引向对教育目标应该是什么的讨论，这种讨论会远离本书的主题。 172

到目前为止，我们还没有好好谈谈进行情感表达方面的教育。在这个问题上，我们再次遇到了针对情况做出反应这个话题。有时，我们可能会在家中对朋友的不幸遭遇流露出悲伤的情绪，这是完全可以接受的，他人也希望我们这么做。在其他场合，这么做或许就不合适了。所有这些都需要学习。同样，我们也要学习通过表情和肢体语言表达适度的悲伤，这是我们日常生活体验的一部分内容。儿童不需要通过正式的、接受规则方面的灌输来学习如何表达情感，他们是在不知不觉中通过事例学会了表达情感。

我们也要学会“不露痕迹”地表达情感，如借助开玩笑、玩游戏、描述事情以及讲故事的方式。这也是戏剧教育的核心内容。

我探讨了情感教育的几个方面：思想、欲望、行为与表达。在养育儿童的过程中，这些都以复杂的方式相互作用。把它们联系在一起的是理想的品质的养成。这些品质部分地依赖于文化，它们或许包括：荣誉感（其建立在羞愧的基础上）；各种利他型的关心的形式，从两性关系、亲密感、友谊到作为公民的同情、对下一代的尊重；审慎的乐观主义；温柔的性情；恰当地处理悲痛的情感。这种与情感有关的性情不是孤立的，而是复杂地关联在一起。把它们联系在一起的，是作为一个整体的人的（理想的）品格。

理解情感

我已经探讨了情感教育的不同方面，但是还有一些问题需要探讨。譬如，理解他人的感受。儿童要能逐渐学会洞察他人的悲伤、不自信、极度快乐、想家或者委屈。

儿童如何做到这些？

首先，儿童必须知道人们所使用的情感语言：人们的表情、他们所做之事。儿童也必须学着注意他人所处的情境及其价值观：遭受辱骂导致愤怒，彩票号码中奖引起控制不住的喜悦。

173 一旦儿童能够用这种方式把对他人情感的理解建立在亲身经历之上，他们就能通过对话和文学来富有想象力地拓展与提炼自己的理解。

儿童也需要了解他们自己的情感，并从自己的情感中学习。最开始，他们在与他人的交往中认识自己的感觉。父母看到儿童的反应后，就会告诉儿童不必害怕或者询问他们什么使其伤心。这会帮助年幼的儿童领悟相关情感概念的含义，并且学会在类似的情形中运用它们。

随着儿童长大，情感提供了一把认识自我的钥匙。这是可能的，因为他们所感觉到的东西与他们所看重的东西之间存在联系。年轻人通过反思自己倾向于怜悯处在各种绝境中的人，如他们在新闻中所看到的人，能够领悟到自己足够幸运，生活舒适、富裕，因此要知足。

当儿童认识的一个人陷入了麻烦，而其却幸灾乐祸时，这种令他们惊讶的感觉会使他们意识到自己的阴暗面（他们往往不愿意承认）。（在这个例子中，引发新的自我认知的是一种双重情感：幸灾乐祸与惊讶。这个例子也进一步揭示了情感世界的复杂性：一种情感能把其他情感看作对象。我对他人所表现的同情感到自豪，或者因感觉自己被他人忽视而感到羞耻。）

当我们没有意识到或者没有完全意识到自己的情感时，其会令我们感到惊讶。情感可能不同程度上是无意识的。就负面的情感而言，这尤为正确，特别是那些在道德上被认为是错误的情感。在更加极端的情况下，我们可能会采取手段去抑制它，也即试着去忘记它，比如，我们父辈心中的仇恨。在抚养孩子成长的过程中教给他们的价值观能够引导他们羡慕那些比他们更加幸运的人（他们自己并不知道这一点）。毫不奇怪，我们并没有意识到，或者只是模模糊糊地意识到我们性格的某些方面。他人对我们的反应常常有助于我们认识到这些方面，我们对自身情感方面的反应和相关想法的反思也能发挥这样的作用。

因为情感与价值观有关系，所以，我们所有的情感都通过上述方式
对我们的自我理解发挥作用（参见第 10 章）。然而，有些情感直接发挥作 174
用。它们是指向自我的情感：内疚、羞愧、自豪。之所以这样称呼它们，
是因为有关它们的想法中包含了对主体的思考。它们必然是关于自我的想
法，其与悲伤或者喜悦中包含的想法不同。年轻人感到羞愧时，对场景的
反思能够直接把他们引向个人标准，依照这个标准，他们能够看到自己的
不足。

学习情感的语言

儿童自己也需要理解相关情感概念。他们要逐渐知道悲痛、希望、憎恨、同情等是什么。他们被教导使用并且学会使用一些词语，这些词语代表了这些概念，即，在他们自己和别人的行为与表达中出现的概念，在谈话中被用到的概念，伴随感觉而来的他们自身的体验所反映的概念。

由于我们没有不伴随着想法的情感，由于我们产生想法的前提是对想法所运用的概念有所理解，所以，结论就是有些儿童可能不会产生某些情感，因为他们缺乏适当的概念化素养。对道德一无所知的儿童被切断了产生道德意义上的内疚或者愤慨的经历；没有形成自我这个概念的儿童不会感到羞耻或者自豪。

概念学习并不是一件要么有要么无的事情。非常年幼的儿童可能有某种关于自我的概念，此外，如果其还能对成就这个概念有某种程度的掌握，它们就足以让她产生自豪感了。

关于爱的要点

这一章试着介绍情感是什么，以及人们构思情感教育可能的方式。像本书的其他部分一样，这一章是纲要式和分析式的，仅有非常粗浅的论述，尚需充实。

正是心理学家带领我们从一般性认识走入不同个体情感生活的复杂性。除了专业的心理学家，小说家、戏剧家、传记作家也是心理学者。与许多专业的心理学家相比，后者能深入展现人情感生活的丰富性，不受科学研究方法的羁绊，而这限制了专业的心理学家。

175 这一章对教育贫乏的论述也需要补充。关于爱，需要说得再多一些。尽管在课程中，在性的关系中，爱所发挥的作用常常需要更多的关注，但在此，我主要不是考虑性教育方面的课程。我主要是在更加宽泛的意义上考虑教师和父母在培养儿童对他们所学的任何一门科目的喜爱上所能发挥的作用。用这种方式，儿童逐渐爱上科学、体育或者历史，即想要多学一些，并且，随着他们对某个学科越发地精通，他们就会关注这个领域的问题，并且想要在这个领域有所建树。

爱超越了学校的学科。除了爱科学之外，我们还爱世界。除了爱风景画外，我们还爱风景本身。在被小说、诗歌吸引之上的，是我们对人类本性的着迷。喜悦作为一种情感，类似于爱。英格兰和威尔士的新的国家课程的一个首要的目标是让学生享受学习。但是，这些国家课程中的情感的内容如此贫乏，其与事实性知识与技能的传授结合得如此之紧，这个目标将来如何被严肃地对待？

诸多艺术尤其是文学所塑造的人物更有血有肉，能升华学生的情感。它们有助于学生超越常规的反应，挑战他们对他人和其他群体的刻板情感，洞悉小说中的人物所展示的骄傲、爱、羡慕等感情的细微之处。各种艺术对学生情感的影响在何种程度上完全是积极的？小说、电影、戏剧、绘画能做到不固化肤浅的、常规的态度和情感吗？它们能够打破常规的态度和情感吗？

小结与要点

儿童所体验到的害怕、喜悦、愤怒、同情，与头疼、牙疼一样吗？如果是这样的，那么，如何教这些东西？

事实上，情感有别于疼痛，其指向特定对象（参见第 1 章）。不同类型的情感彼此之间有所不同，这体现在每一种情感伴随着与其对象相关的具体的想法。就持续存在的情感而言，这种想法是信念（参见第 3 章），而在一时的情感中，如生气、悲伤，这种想法表现为（一时的）判断。想法所发挥的关键作用使得情感的各种分类成为可能。例如，从时间维度分 176
类，可分为指向自我的情感、愉快或悲伤的情感。它也有助于解释为什么动物也具有情感。但是，情感不只是想法，因为它们一般也涉及感觉，并且，其与欲望和行为也有内在联系（参见第 8 章）。

儿童情感教育的关键在于情感教育的指向性与深嵌于情感中的想法。有时候，这些想法是不对的，如，害怕鬼怪的例子或者种族仇恨的例子，并且需要加以纠正。这既是因为它是不对的，也是（或是）因为它在伦理上是有问题的。更为宽泛地说，情感教育是要塑造儿童的品格。这涉及关注其他方面而不只是想法，如控制我们情感的表达和规范我们行为中所蕴藏的情感。儿童也需要被引入对他们自己和他人情感的理解。在儿童理解自我这件事情上，前者扮演着主要的角色（参见第 10 章）。在这一章的结尾，我对本章内容进行了总结，还提到了爱的本质及其在教育中的地位。

拓展阅读

关于总体上的情感，请参见肯尼的《心灵的形而上学》的第四章和巴德（M. Budd）1985 年出版的《音乐与情绪》（*Music and the Emotions*）第一章的内容。关于情感的条目，可参见格滕普兰主编的《心灵哲学手册》。近来长篇的讨论可参见戈尔迪（P. Goldie）2000 年出版的《情感》（*The Emotion*）一书。

彼得斯在论文中讨论过情感教育这个概念，可参见迪尔登、赫斯特和彼得斯的《教育与理性的发展》（*Education and the Development of Reason*）和我在《教育哲学杂志》（*Journal of Philosophy of Education*）第 8 卷第 2 期上发表的文章，以及沃诺克在库珀主编的《教育、价值与心灵：纪念彼得斯文集》中的文章。以上三篇论文均被收录在赫斯特和我主编的《教育哲学：分析传统的主要议题》第二卷中。关于此问题，也可参见艾略特的《教育、对学科的热爱以及对真理的热爱》（*Education, Love of One's Subject and the Love of Truth*），该文发表在《英国教育哲学学会论文集》第 8 卷第 1 期上。自 20 世纪 80 年代中期以来，在普通哲学和教育哲学中，亚里士多德的《尼各马可伦理学》产生了巨大的影响。在这本书中，亚里士多德讨论了各类情感的地位及其在美德养成中的作用。怀特（P. White）
177 在《公民品德与公共教育》（*Civic Virtues and Public Schooling*）一书中讨论了一些品德，如希望、友谊、勇气等。赫伯恩（R.W. Hepburn）在《感受与情感教育中的艺术》（The Arts in the Education of Feeling and Emotion）一文中指出，文学作品和其他艺术在教育中能发挥升华人类感情的作用，这篇文章被收录在《教育与理性的发展》一书中，《教育哲学：分析传统的主要议题》第四卷也收录了这篇文章。

第 10 章　完整的儿童

178

追寻自我

我探讨了心灵生活几个特别的部分——概念、思考、智力、想象力、动机、情感——及其在教育中的地位。它们以多种方式互相联系。但是，把各个部分融合在一起的是什么呢？没错，它们都是心灵的现象。但是，这种回答并不能让我们在这个问题上有多大进展。

从父母或者教师的角度看，这种回答尤其不令人满意。这里缺少的东西也经常是教育计划和争论中缺少的东西：完整的儿童。就如传统的以科目为基础的课程，围绕着历史、数学、音乐、科学、体育、阅读构建起来，却没有看到儿童是一个完整的人，同样的抱怨也可能针对本书。

是时候把它们放在一起了。但是，从哪里开始？如何刻画整体的特征？怎么称呼它呢？把它叫作心灵？叫作灵魂？叫作自我？叫作个人？叫作完整的儿童？

从笛卡尔的视角看，所有这些都可以归结为同样的东西。起整合作用的是非物质的存在物，一个独立存在的精神或者灵魂，其在此生中受制于肉体，但在宗教的理论中它永远不会消失。正是在这个实体[①]之中，心灵的活动，也即理性思考，得以产生。并且，正是这个实体被等同于人的自我或者个人，被等同于作为学习者的儿童。

我已经探讨过笛卡尔论述中的几个问题，在这里我再论述另一个问题。如果有实体性的自我存在，那么我们有什么依据说它存在？按照笛卡尔的视角，我们每个人都拥有，或者更加准确地说，都存在于这样的存在物中。但是，当我们调查自我存在的证据（它就在那儿）时，会发生什
179 么？正如休谟所论证的，我们没有找到这个东西。内省所揭示的所有东西是特殊的体验，例如关于世界杯的思考片段、对培根三明治的气味的印象、颤抖的感觉或者涌动的怒气。无论我如何努力地搜寻，我都没有发现任何能够装载所有这些东西的“容器”。

那么，什么是自我？就像休谟所说的，它沉淀为一系列的经历吗？儿童所说的“我自己”难道没什么含义，只是诸多经历的总和？如果人们探究教育者所说的“完整的儿童”的含义，那就是把它简化为具体的心灵项目的集合吗？

我想说，当然不是。但是如果不是，理由是什么？如果自我既不是容器或者被装之物，也不是框架或者被填充之物，那么，自我究竟是什么？

人们不愿意追随休谟的一个原因是，他主张特殊的体验都在那里，其不能被视为独立的实体。它们不是独立存在的。因为，当我检验自己心灵的内容时（如我们所说），我没有点燃思想、想象、感觉等等，好像它们

---

① 我将“entity”译为“存在物”，将“substance”译为“实体”，主要是基于以下考虑：“entity”来源于拉丁语“be”和“esse”，其含义类似于英语中的“there is”或者德语中的“esgibt”，指任何独立存在的东西。“entity”所指的对象不一定是物质性的存在，其也可以指抽象的存在（如数字）、虚拟的存在（如网络空间）、非物质性的存在（如精神、语言）。“substance”是拉丁语中与“ousia”对应的词，波埃修（A.M.S.Boethius）在翻译亚里士多德的《范畴篇》时，用拉丁语中的“substantia”翻译“ousia”。因此，“substance”在英语有两种含义。第一种含义是物质性存在，指向占有时间和空间的存在物。在这个意义上，它是“entity”所指的其中一种存在物。第二种含义是事物的本质，即不随时间、环境等因素的变化而有所变化，始终独立存在的东西。——译者注

本身自主地存在。

以一种特殊的疼痛感觉为例：下颌左边的牙齿钻心地痛。当我在康沃尔郡的悬崖上发现肾形豌豆丛时，我没有发现牙在疼。牙疼依附于拥有者，与拥有者一起存在，而豌豆丛却不是这样。它不是我挑选出的任何牙疼。比如，不可能是你的或成吉思汗的牙在疼，是我的牙在疼。我的思想、感觉、记忆等带有我个人的姓名标签。我所反省的是，我充满悔恨，我想到我的母亲，我在看未来五天的天气预报。

我在这一章的开头探寻了把特殊的心灵的现象，诸如思想活动、欲望、感觉或者想象整合到一起的因素。由于这些活动不能单独发生，现在我们在这个“我”中发现了它吗？

但是，这真的让我们在这个问题上取得了多大的进展吗？就像我们所做的，从边缘移动到中心，似乎把我们从休谟带回了笛卡尔。我们没有回到休谟的非物质的自我吗？

没必要这样。我们所说的意思是，经历是某个人所有的经历。它们是我的、你的、她的、其他人的。同样，不仅一时的心灵现象如此，持续存在的心灵现象亦是如此。我的信念、才能、性情也可能是我反思的对象。当我总是想着自己缺乏信心时，我想着的不是别人，正是我自己。

无论我们具有何种心灵现象，一时的还是持续存在的，如果我们拥有 180
它，那么我们每个人都必须始终反思我们的心灵现象。我们总是有可能表达“我……”的想法，其中省略号代表着存在争议的心灵的特征：“我想要我的权利”，“我认为，斯诺克无聊死了”。

这里的要点在于，心灵的现象需要主体。在英语中，我们用“我”指称这个主体，在其他语言中，用“je”“ich”“ego”“ya”“io”。尽管笛卡尔的自我是一个存在物，即心灵的实体，但是没有理由认为，就必定有某种存在物来对应“我”这个词语所指称的东西。这是混淆了主体与实体。

但是，这对吗？如果我不是某物，这是不是意味着我什么也不是？

这个思路里肯定有哪个地方不对。就我自己而言，我似乎足够真实。

仅仅是哲学上的辩护如何摧毁这种信念，说服我相信我什么也不是，只是经验的可能性的一个前提？

我坚信我实实在在地存在着，其中一个理由是，除了思想、感觉、欲望属于我，重量、四肢、毛发也属于我。我不仅能想到“我感到愉快”，也能想到“我体重为 67 千克”“我有两条腿”“我是光头”。

如果我拥有这些身体上的属性，那么，我不就只是我的身体吗？正如我们所看到的，这个看法一大明显的缺陷是它没能说明非身体的现象也能归于我。如果我是个身体，那么在什么意义上可以说非心灵的身体能够有想象、回忆、相信等心灵现象呢？

无论我们转向哪一种方式，都有不能克服的困难。或许，这就是为什么自我这个主题似乎总是如此神秘的原因（这不仅对哲学家是如此，对于我们所有人亦是如此）。我们使用的词语似乎指出了智力的深邃。我在前面论及“我”的身体，意味着正在被讨论的身体是“我”所拥有的某种东西。但是，如果“我”拥有它，那么“我”就不必对它与拥有者做某种区分吗？那么，我如何只是我的身体？因为，如果我是我的身体，我也很难说自己是那种拥有它的主体。

我拿“我自己”这个表达来举例。当我说“我在镜子中看到我自己”时，这个自己是什么，是我凝视的对象吗？这个自己与我镜中所见是一样的事物吗？

这一切令人非常恼怒。难怪人们会避开哲学上的争论。为什么我们要
181 与这种所谓的学科——不能帮助你整理思绪，只是使你头晕——纠缠在一起？

但是，我们不应该就这样放弃。尤其是因为，我看到解决方法近在眼前。让我们回到如下观点，即我们是身体。这个观点的问题是，如果我们真的是身体，是非心灵的东西，那么，非心灵的东西如何能够有心灵活动呢？

物质主义者会对此毫无异议。他们主张，比如，思考被简化为或者等同于生理层面的一系列事件，并且最终成为身体粒子与流程层面的事件，

因此，他们对思考能在身体里发生这个观点非常满意。

但是，假设我们不是物质主义者（或许是出于在第 1 章中和在附录中所提到的原因），那么，我们仍有可能接受身体能够思考这个观点吗？在心灵现象不能被归为身体的对象这个假设上，它是个问题。这个假设是从笛卡尔那里沿袭而来。它是对的吗？

为什么一定要假设身体不能拥有心灵的属性呢？如果我们像笛卡尔一样从二元论的形而上学——把所有的现实分为互相排斥的物质和心灵两个领域——开始，那么，就很容易理解我们是如何得出这个结论的，即，身体不具有心灵的属性，它显然只有物质的特征。

笛卡尔生活的年代早于达尔文和孟德尔。笛卡尔也有他自身的宗教渊源，它们反映了他身处其中的基督教文化，因为它们主张纯粹的心灵式物质的存在。在我们这个年代，我们习惯用进化论的眼光看待人类生活，脱离了宗教的成见，或许我们能用不同的方式看待事物。

我们知道，存在纯粹物质化的事物，因为，物理学的理论能够提供对它们本质的综合描述。例如，岩石、火、雷电、云。但是，我们对生物学所研究的有机体（植物与动物）要说些什么呢？我们要把它们全部同化为完全物质化的东西（就像石头这类事物）吗？或者我们要把它们（至少其中的一部分）看作一种不同的存在物吗？

我们知道，植物与动物有其目的。就植物而言，其与石头不同，因为
它们从种子发展为最终的成熟状态。这本身并不使它们超越于并且高于纯 182
粹的物质实体。但是，我们也有好的理由认为，在一些进化链上，有机体不仅成为目的论式的生物，也能够用一定的意识或者其他形式的意识服务于目标。在进化论的论述中，有一些不清晰的观点，比如，当动物面临致命的危险并且开始逃跑时，动物开始感觉到疼；或者，动物有机体在它们的环境中开始看到人或者物，如捕食者或者食物。

我们得出的结论自然是，正是这种没有意识的有机体——理论用纯粹物质层面的术语描述其本质——逐渐进化为有意识的有机体：其最初

进化为具有基本意识的有机体，然后进化为具有更加复杂的意识的有机体。这些进化了的有机体仍是物质的存在物，但是，它们不再仅是物质的存在物，而且是具有感觉、知觉、欲望的物质的存在物。既然这些进化其实很缓慢，那么，这里就没有余地比较物质的存在物与非物质的存在物之间——譬如，笛卡尔在动物与人类之间所划的界限，一边是非物质的动物，另一边是作为永生的灵魂的人类——明显的形而上学的分野。

说起这些，我并不是主张，对进化论意义上的史前历史的描述是正确的。基于我们现在所知道的，这大致好像没有错。但是，这不是重点。重点在于概念，而不是经验。我重点是要说明，意义是如何被附着在物质的存在物这个概念之上的（这个存在物不但是物质的，而且有能力拥有心灵的特征）。

这为完全理解自我这个概念的神秘内涵开辟了道路。我是什么？你是什么？儿童是什么？这些都是生物学上的有机体——人类。就像动物一样，人类具有各种各样的意识形式。一些动物，从某种意义上说，具有主体意识。那只名字叫作宙斯的猫受伤流血时能感到疼，而当你叫它的名字时，它也能听到。它的整个心灵生活，就像任何一个人整体的心灵生活一样，因为属于同一个主体，所以是统一的。

除了极个别例外，人类在更加丰富的意义上成了主体。人类不仅能感到皮肤被撕裂的疼，而且能意识到自己感受到了这种疼。他们能够有这样的想法：“我的手现在很疼。”人类的其他经历或者别的类型的持续存在的心灵现象也是如此。人类能产生这样的想法：“我想睡觉”“我听完她说的话感到伤心”“我只是认为你错了”。

183 换言之，人类不但统一了经验的主体，并且知道它们存在着。人类知道，正是他们自己，不仅做梦与担心，而且听东西、尝东西，记住事情、进行推测、制订计划。其他动物可能有一些这样的能力，但是它们缺乏这种理解，即把这些均归于自己。

人类是如何用这种方式超越其他动物的？宙斯感觉到疼，不过，更有把握的说法是，它没有掌握疼这个概念。当人学习本族语言时，人获得疼这个概念。人一般通过更加确定的形式，比如肚子疼或者受伤的手指来学习这个概念。用同样的方式，他们学会使用其他的心灵概念。到三四岁时，他们一般就能毫无困难地使用诸如“想要”“触摸”“梦到”“想到”“悲伤”这样的表达。他们既可以将这些表达用于描述他们自己的经历，也可以用于描述别人的经历。

正如上一段最后一句话所暗示的，他们在获得这些心灵概念的同时，也学会了把它们归于自己和他人。我们已经明白，疼痛与感知觉不是作为自动的、独立的现象存在，而仅仅是作为某人的疼痛与感知觉而存在。心灵概念的学习必须与经验的主体这一概念的学习携手前行。

我们说动物（比如猫和狗）是否有自我，取决于我们如何使用这个术语。如果这个术语意味着狭义上的经验主体，那么经验主体没有意识到自己的这个身份似乎就没有问题。出于同样的原因，如果有人想要称呼这种生物为“人”，我不会为此担忧。

但是，在使用“自我”或者“人”时往往要求加上自我意识这个要素。正常情况下，只有人这种生物才通过使用语言，比如“我不想去”“你怎么看”，把心灵的属性归于自己与他人。（我们不经常使用“自我”这个词。）

在这种观点看来，婴儿与年幼的儿童通过学习成为人。尽管可能需要一生的时间来使自己日益完善——变成更加深刻、更加多面的人，但是当他们娴熟地运用前面提到的简单的表达，就跨越了分水岭。在这个意义上，新生儿还不是人。他们是潜在的人，这点毫无疑问，正是出于这个原因，他们拥有许多权利，如人身权。就狭义的、非人类样式的、动物意义上的“人”而言，婴儿是人，他们只能体验到欲望、疼痛等，但他们无法意识到这些。 184

自我在教育中的地位

学界对教育的思考长久以来一直被笛卡尔式的自我概念主导。这不应该仅仅归因于笛卡尔。柏拉图也主张，我们本质上是不死的灵魂，其典型活动是对现实的本质进行理性思考。但是，既然笛卡尔最为清晰地表达了这种观点并且阐明了根据，我就采用“笛卡尔式的”这个术语来说明这种比较宽泛的观点。

如同我们在第 1 章和第 6 章中所论述的，笛卡尔式的自我的概念渗透在如今的学校管理中。教育与个人不死的灵魂之间很大程度上已经不再有联系了，除了一些宗教学校中所进行的教育。但是，教育基本关乎理论理性发展的观点仍塑造着今日世界各地的学校课程。儿童的心灵常常被看作容器，被填进诸多事实和理论；对儿童的心灵最糟糕的比喻是将其看作空空如也的盒子，教育者要在这个盒子里堆放诸多的事实和理论；在比较文明的机构中，儿童的心灵更像是一台机器——灵魂的清洗机或者洗衣机，诸多的事实和观点被不断地投入理性的心灵的内部，然后心灵的引擎开始运转。它们用这种方式联系在一起，进而转变为更一般的结构。

柏拉图 - 笛卡尔式的假设是，心灵最高级的运作也是最抽象的，亦是最应从我们肉身中移除出去的，这种假设很有力。它对课程产生了比较大的影响，由此，在各门学科中，物理学优先于生物学，自然科学优先于历史和文学，数学这门学科在任何情况下都不能从高年级阶段的必修科目中除去，即使对那个阶段的一些学生来说，数学对外界的抽象处理毫无意义。

最终，笛卡尔式的概念使得学校更多地依附于理论性推理而非实践性推理，即让学生追求真理，这显然有别于帮助学生好好生活。

对自我的发展有没有另外一种描述，能代替笛卡尔主义的自我？下面的论述是围绕三个阶段组织起来的。我要强调，应该将“自我发展”中的

“发展”理解为及物动词。自我一开始不是一颗种子，之后发芽，进而发展为成熟的物种。自我不能被比作植物或者动物（参见第 4 章）。正是父母和教师推动了儿童的发展，至少在儿童成长的早期阶段是如此。他们所带给孩子的改变正是教与学的结果。随着儿童年龄的增长，儿童成为自己学习的主人的空间日益增大。 185

各个阶段

从出生到使用第一人称

我从一名新生儿说起。她带着多种能力来到这个世界上。她能感到疼痛，具有愉悦的感觉。她有某些欲望，比如想吃和喝东西。她具有一定的能力，虽然这些能力仍在“休眠”中，借此，她能够掌握概念（参见第 5 章）。她能听见、看见以及品尝东西。她已有或者很快就会有基本的情感反应，如害怕和生气。她能够让四肢以及身体的其他部分活动。

她的父母在她人生的最初阶段，用如下方式塑造她这些原初的能力，于是她长成了一个小小的人儿。他们培养她把事物视为其他事物的符号的能力（参见第 2 章），以此鼓励她理解语言并且很快地运用语言。一旦她能够用“我”或者其他人称代词以及心理学上的一系列词语，她就明确地获得了人格的形式（前面已描述过）。同时，她也会进一步掌握周围世界的特征、良好的行为举止等一系列概念。

因而，她逐渐能够对世界以及世界中的事物、事件、人物形成自己的观点。这与她使用心灵概念的能力一同出现。正如我们在第 1 章中所论述的，大部分心灵概念具有指向性。在学习使用诸如“看见”“害怕”“想要”“梦想”这些词语时，她就学着把指向性对象附着于这些词语上。她能够说出诸如“我不想睡觉”“我听到门铃响了”这样的话。她在不断发展的概念体系中，利用她目前为止可以利用的资源，把心灵所指向的对象概念化。有时她所概括的事物的特征是有问题的，成人需要对其进行纠正。对于一些错误的信念和事物，她会用错误的名称称呼它们。

在很大程度上，儿童早期所接受的教育是一种启蒙，使其初步形成看待和思考事物的方式，这会使儿童更加接近事物的实际状态，或者至少是大家所认可的事物的实际状态，这与儿童如何看待这些事物是不同的。到
186 了一定阶段，尤其是当正规教育与家庭教育相互补充时，有些社会认同本身可能或者不可能受到挑战，而这取决于文化背景。儿童对世界的看法由于学习科学而得以深化，对他人的刻板印象被更加细腻的描述所替代。儿童日益客观地认识事物 。

但是，这不会是她早期教育的全部内容。无论是从理论上还是实践上说，我认为我们不可能对儿童所有的意向状态和经历进行分类，使它们与公众对现实的感知相符，不为其他可能性留下任何余地。譬如就儿童对吃的东西和喝的东西的态度而言，儿童有不同的爱好。有些儿童喜欢萝卜，而有些则讨厌它。但是，不是所有的喜欢与不喜欢都如此分明。

或者举儿童对相同物体具有不同的视觉感知的一个例子。对于那些与狗一起长大的孩子、那些家里没有宠物且曾被狗袭击过的孩子、那些刚刚读过安德森（Andersen）的《打火匣》（*The Tinder Box*）的孩子来说，同样的德国牧羊犬，会引发他们不同的联想。我们如何看待世界，部分是受到我们先前经历的影响。消除主观视角差异的唯一方式，是使每个人具有相同的经历。但是儿童生活在不同的地方，有差异年龄，家庭状况不同，宗教与文化背景不同，视角的主观性是无法被抹除的。

谁真的想抹除这种主观性呢？只有致力于形成完全同质化的社会的意识形态会赞成这个想法。在民主社会，对于我们大多数人来说，人不同于动物，人对世界具有不同的感知，或者对同样的事情具有不同的信念，并且能够清晰地阐明它们。这个事实是加法，而不是减法。本质上讲，我们用自己的信念和判断来衡量别人的观点和行为。

人与人的视角存在差异，这一点支持我们鼓励儿童发挥想象力。视角的差异不仅源于过去的经历对儿童的影响，而且源于儿童主动与他人嬉戏与想象。让我们想想这些事情：他们把钓鱼的海湾看作海盗出没之处，把

蟾蜍看作被施了魔法的王子，把云朵看作连绵的山脉（参见第 7 章）。

学以成人因而便包含客观与主观两个方面。儿童的思考必须在一定程度上越来越接近现实，但是，也必须给他们自己的奇思妙想留有空间。

在进入第二个阶段之前，关于自我的社会属性，让我再多说一些。如同我们在第 2 章中所论述的，笛卡尔的自我是无社会的原子，是某种独立 187
的存在物，最初便怀疑他人的存在。新生儿是生物学上的有机体，尚未被文化所濡染。然而，至第一个阶段的末期，当儿童能够使用心灵的概念以及自我与他人的概念时，儿童已经逐渐被引入社会中。

如同我们在第 3、4 章中所论述的，概念是公共现象。一些心理学家和教育者让我们相信概念不能以某种准生物学的方式从儿童内部引出来。儿童必须学习公众所赞同的规则和标准，因为这些规则和标准规定了概念的意义与应用，并且，当她犯错时，她要服从正确的规则。正是由于儿童在长大成人（指第一个阶段）的过程中掌握了基本的概念范式，因此，社会性成为儿童本质的一部分。此时，儿童视自己为社群的一员，社群内的所有成员共享同一种语言，他们在相同的基本概念的架构中长大。

自我理解

儿童在成长的第二个阶段学习成为自我或者成为人。虽然第一个阶段与第二个阶段偶尔有重叠之处，但两个阶段是不同的。在我们目前的论述中，儿童能够在动词前正确地使用“我”这个词语，比如，“我想要”或者“我看到”，她的意识是指向外部世界中自己想要的或感知到的对象。她的意识在这个阶段不具有反身性，未指向自己。正是这种反身性使我们确定儿童的成长进入第二个阶段。在这个阶段，儿童在父母和教师的鼓励下，能够思考自己的行为、感知觉、想象以及信念。

这种鼓励具体是如何发生的是经验层面的事情，超出了本书目前的框架。但是，我们从日常经验中知道，错误可能是一个契机。当儿童做了调皮捣蛋的事情时，例如儿童把两只鞋的鞋带系在一起，然后从墙上跳下来，吓坏了父母，父母就会找她算账。他们让她注意到她的所作所为，让她明白自己错在哪里。有些时候，错误并不是很明显，其不过是不当的评论，但也引起了类似的反应。儿童说她不喜欢她的老师，因为她认为老师很笨。“真的吗？”她的父亲回应道，“你为什么这么认为呢？”

修正或者证明她的行为或者信念，有助于年幼的儿童把注意力转向自己的行为或者信念。通过进行自我反思，儿童有可能能做到这一点，也有可能做不到，这是因为，既然行为或者信念真的是她的行为或者信念，她
188 就有可能没把注意力放在这些地方，而是放在其他地方。她不再做出吓唬朋友的行为，因为她想做她的父母认为正确的事情。因而，她改变自己的行为，并不是因为这种想法：“我如此对待朋友，真糟糕呀！”

甚至，当她年龄再大一些的时候，类似这样的情形就会为其自我评价铺路。父母处理事情的方式，也能够引导儿童进行自我评价。通过引发儿童对所做之事的羞愧感，父母引导他们形成指向自我的情感，这点我在第 9 章中曾谈到过。儿童的注意力被导向自己及其所作所为与她理想的标准——她认为自己应该成为的样子——之间的差距。

对信念的反思，就像对行动的反思一样，可能会使儿童进行自我反思，也可能不会使儿童进行自我反思。常常是不会。“为什么你说海水转弯了呢？”一名儿童可能会问。“因为水中的海草……”不过，对我们信念的思考也能使我们本人卷入其中。一名儿童逐渐意识到他的种族态度，进而感到羞愧。“我怎么能认为……？”对我们信念的思考促使我们进行自我反思，信念通常与我们的行为举止、价值观、欲望或者态度关联在一起，而不是与更加客观的事情关联起来。

自我反思不仅关乎具体的行为或者信念，它也关乎全局，从现在回溯到我们的过去，并且向前延伸到未来。随着儿童年龄的增长，当她步入成年期，她逐渐形成了对于过去的生活的大量回忆。这些回忆并不是杂乱无章地涌向她，不过不可否认，奇怪的记忆有时会突然造访。如同我们在第 8 章所论述的，人的行为不是孤立的，而是紧密地交织于目标与手段的关

系模式中，可以用比较狭隘与更加宽泛的方式对其进行描述。这些互相关联的线条使得自我的持续发展成为可能。

儿童把她自己的结构加诸过去的生活。她按时间顺序来讲述发生在她身上的事情。就像其他叙述者一样，她讲述自己的故事时必定有所取舍。她所讲述的故事也具有内在的一致性，故事的各个部分必定是连贯的（以一种可理解的方式）。

我并不是说故事一定完全是真实的。我们能够并且的确改变了诸多事实，这样就能使我们自己置身于好的光景里，或者有时仅仅是为了达到戏剧化的效果或者出于幽默，我们才这么做。我们的论述能够并且的确遗漏 189
了我们宁愿忘记的事情。

教育的目标之一是鼓励人们客观地看待自己的过去，这个目标在多大程度上是一个问题，又属于教育哲学的伦理方面而非心理方面讨论的问题。因此，我在这里不探讨这个问题。我真正想强调的是记忆与自我（第二个发展阶段中的自我）之间的紧密联系。我们可以肯定，作为一个人，我们必定拥有关于过去的记忆（客观的或者改编的）。这就是为什么阿尔茨海默病如此令人恐惧的原因，因为随着病情的加重，更多的记忆消失，病人渐渐失去他们是谁的所有感觉。他们不再是完全意义上的人。

如果人拥有自我，那么，这个人必定是一个拥有记忆的人，并且是拥有特殊记忆的人。参加考试的人必须记住斯图亚特王朝的君主统治的年代、氨的化学方程式、如何踩脚踏板。一个人后来可能会忘记这些，但是，一个人如果忘掉自己的生活，那么，这个人就不可能是他自己，无论这些记忆是关于事实的（或者假设它们是事实），比如，我记得我在某个镇上长大，还是关于事件的（或者假设它们是事件），比如我记得教师的一个表情。尽管我已经强调过我们的一些记忆事实上可能是错误的，但是，很难想象所有的记忆都是如此。

成为自己，也伴随着人对未来的思考。既然人在未来必定会死，那么对死亡的意识就必须进入自我的概念中。在这个意义上，我如果没有意识到自身的必死性，那么，我就不能被称为人。我思考我前方延展着的朝向死亡的生活。有些人规划生活，试着尽可能具体而微地筹划自己的未来，而其他一些人则比较闲散，随遇而安。但是，即使是最闲散的人，也必定有他们想要实现的某些目标。

把幼童养大成人的部分内容，是使他们意识到他们的存在具有时间维度，即过去与未来。这点如何被达成，又使我们面对一个伦理问题，即我们想要什么样的教育目标。

人们回顾一生，讲述自己的过去时，有编造的情节，在多大程度上我
190 们不鼓励他们进行编造？如果我们坚持要求最大限度的真实性，我们有什么理由？我们要看轻那些编造者吗？比如，柯勒律治或者我们所知道的一些不太有名的童话作者吗？在理性范围内，他们有对事实的自由的权限，我们不仅容忍他们这样做，而且很享受阅读他们的作品，难道不是吗？我们应该阻止人们忘掉他们生活中令人难受的情节，促使他们面对并且学着处理这些东西吗？或者压抑有时候是有益的？

至于未来，我们应该让我们的学生都成为生活的规划者吗？就像我们对职业所做的规划一样？此外，我们应该让他们向着目标（如果有目标的话）生活？在何种程度上，我们应该让他们自己选择目标？

关于个体未来的这些问题，在当代教育目标的哲学讨论中已经被充分地讨论过。但是，与学生个体的过去相联系的目标却鲜少被论述。

所有这些与第 9 章中对情感教育的论述相关。在那一章中，我们看到，情感与时间相关。其中一些情感面向过去，比如，生气、自豪、悔恨；还有一些情感面向未来，比如，希望和恐惧。由于成为人也与时间相关，那么，情感教育与整个自我的发展密切相关就不足为奇了。

我们可以不带感情色彩地叙述自己的过去，但是，填充我们过去的事件并没有被包含在这种叙述中。我们所记住的是被我们当时对事件所持有的情感态度——羞愧、愤怒、厌恶——所渲染过的东西。我们也记得我们过去对未来的感觉——曾经对事业感到焦虑、对社会主义社会满怀希望。

教师通过文学作品或者学生自身的经历，提醒学生自我意识中肯定渗透了情感，有助于他们对自我形成更为真实且丰富的理解。

指向自我的情感——羞愧、自豪、内疚、悔恨——都是指向过去的。如同我们所论述的，学生对他们生命中的事件进行反思，有助于学生更为清晰地理解自己的价值观，由此更加深刻地理解自我。教师与父母也能鼓励学生更加专注于他们对未来的期望、恐惧和无法言说的焦虑。

在这点上，我们将再一次看到，对如何从事情感教育这个问题，是不能仅用孤立的方式去构思的，不只是发展这个或者那个感知觉、一套信念以及态度这样的问题。通过对希望与绝望、预感、焦虑的关注，教育者能够帮助学生明晰他们对未来的设想。因此，教师能够帮助他们认识自我。 191

喜悦是这样一种情感，即它既不指向过去也不指向未来，而是面向现在。人的本质与时间相关，人能够专注于现在的经历。人是否必须如此，则是另外一个问题。当然，人活在当下，他们的想象、记忆、疼痛感以及其他一时的经历都发生在当下。但是，他们可以把注意力放在自己的过去或者未来上。对于我们大多数人来说，在忙忙碌碌、非常不确定的世界中，未来抢先占据了我们的思绪，除非我们特意不去想它。

关于好的生活，有一个伦理学上的问题。它们与对教育目的的哲学思考相关，即在专注于现在与一心想着未来或者过去之间应当达到怎样的平衡。出于我在本书简介中所申明的原因，我在本书中只是提出这类问题。

人的形成

我们已经探讨了自我发展的其中两个阶段，其简要内容如下。

- 就心灵而言，新生儿在降生之初以意识为中心，但是，其没有自我这个概念。她在学习语言——包括使用“我”以及与心灵现象有关的其他人称代词——的过程中习得这个概念。
- 她刚开始是无意识地使用“我”，但是，这给予她在第二个阶段所

> 需要的概念素养，后来，她开始反思自己的行为、信念、情感，以及更加宽泛的东西，即自己的过去与未来。

还有另一个层面的自我反思。这涉及更抽象、高级的思考。到目前为止，她的想法还是专门针对她所遇到的事情。在更高级层面，她会思考自己在何种方式上与别人完全一致。这时，她思考的主题开始涉及一般意义上的人性，她自己只是其中一个例子。她如今能分享我们大多数人所熟知的特殊的情感，能够投身于更深层次的艺术与哲学的世界。她意识到人类
192 只是宇宙的一部分，意识到自身的存在与世界的存在。

更宽泛地说，她对人性的多样性和共同性的反思具有不同的形式，这种反思从日常实践（不只是谈话）和学术研究中汲取营养。文学、历史、心理学会为她的沉思提供人类多样性的样本。所有这些学科，其中也包括哲学，会让她更为清晰地理解我们的共同之处。就哲学来说，其中包括我们在本书中所探讨的各个概念之间的结构。

让全体学生拥有较高的思维水平在何种意义上应该成为教育目标这一问题，让我们回到了教育伦理这个问题。在多大程度上，关注我们的共同之处与政治上的平等（它是民主社会公民素养培育的核心价值）可以联系起来？对人之为人的深思应该被视为有价值的目标吗？哲学上相关的思考应该成为每一名年龄稍长的儿童所要学习的课程的一部分吗？或者只是针对那些想要这样做的儿童？

小结与要点

这一章从儿童心灵的具体领域转向完整的儿童。各种各样的现象被融合在一起后所形成的是什么？自我是什么？

我们在第 1 章中已经从灵魂和自我的角度探讨了笛卡尔的心灵综合体。对于休谟来说，独立存在的自我被消解为一系列经验。当我们通过内

省来探寻自我时，这是我们能发现的全部内容。但是，这些经验是统一的，因为它们全都是我的经历。那么，儿童的自我能够由其经验得到确认吗？

但是，儿童在拥有身体特征的同时，也拥有心灵的特征。自我或者个人基本是物质实体，像其他生物一样，能够有各种各样的经验，是这样吗？一些动物可能是经验主体，但是，其缺少语言，不会使用人称代词以及与其所伴随的心灵现象的术语，因而，其无法意识到自己是什么。在人格这层意义上（涉及自我意识），儿童不得不学着长大成人。

正如在第 1 章中所谈论的，笛卡尔的自我概念有问题，但它深深地影 193
响了教育领域的相关思考。在本书中，我用另一种方式明晰了儿童学以成人的过程的三个阶段。

婴儿出生时是经验的统一主体。当他们开始学习语言，能够运用我这个词和其他人称代词时，他们就处在第一个阶段了。这使得他们有可能开始对世界形成自己的观点。正如在第 2 章中所指出的，处于这个阶段的幼儿不是笛卡尔传统中的孤立的存在物，而是生活在社会中的人。

当儿童开始通过反思意识到自己是具有感受、思想、欲望等的生物时，他们就处于第二个阶段了。他们学会通过叙述自己的经历去看待过去的生活。他们对过去的记忆在这里很关键（参见第 3 章和第 8 章中的相关内容）。更为一般地说，儿童开始意识到他们生命中的时间结构，意识到未来和过去。他们的情感，尤其是指向自我的情感，在发展他们自我意识的过程中，扮演着核心的角色（参见第 9 章）。

当儿童逐渐开始反思一般意义上的人性，把自己视为一个例子时，他们就处于第三个阶段了。

拓展阅读

哲学上关于自我和整体的人的分析，请参见格洛弗（J. Glover）的《我：身份认同感的哲学与心理学》（*I: The Philosophy and Psychology of Personal Identity*），这本书可读性强，短小精悍；麦金的《心灵的品性》第六章；肯尼的《心灵的形而上学》第六章。后面这两本书中的这两章涉及的主题都是自我。这个主题的条目也可参见格滕普兰主编的《心灵哲学手册》。笛卡尔在《沉思录》中也对自我这个概念做过论述。本书提出休谟检验心灵的内容时没有阐明自我，这方面的内容可参见休谟在《人性论》（*Treatise of Human Nature*）第一卷第四部分第六节里的论述。关于人类生活的叙述结构，请参见麦金太尔的《追寻美德》（*After Virtue*）一书第十五章。泰勒（C.Taylor）在《自我沉思的动物》（*Self-interpreting Animals*）中论述了情感在人理解自我中的作用，这部分内容被收录在泰勒的《人的能动性与语言：哲学文集 1》（*Human Agency and Language: Philosophical Papers 1*）。泰勒在这本文集所收录的《人的概念》（The Concept of a Person）一文中也讨论了这个主题。上述所有文献都是从普通
194 哲学的视角出发的。与教育哲学相关的论文是史密斯（R. Smith）的《记忆的应用》（The Use of Memory），该文刊登在《教育哲学杂志》第 17 卷第 1 期上。关于教育目标与人生规划中的伦理问题，请参见我在 1997 年出版的《教育与工作的目的：对工作和学习的一种新的哲学审视》一书第 94—95 页所做的分析。

附录：心灵缀语 195

心如何与身相关？

从教育者的角度来看，第 1 章中对儿童心灵的描述也许已经足够了（至少在像这样的小书中是这样）。但是，我却意识到，关于心灵的本质还有更多的问题有待探讨，你们可能期望再做一些讨论。

心灵如何与身体相关？是和大脑相关吗？心灵等同于大脑吗？电脑在某种意义上是心灵的模型吗？

这些都是重要的问题。它们是心灵哲学中的核心问题（心灵哲学是普通哲学的分支）。这个领域的文本通常都深入探讨这些问题的形而上学基础。众所周知，大部分著作致力于单独研究这些问题，也就是说不涉及对具体的心灵现象的讨论，诸如，情感、想象、其他类型的思考、动机或者概念的掌握。这方面也有例外。肯尼的《心灵的形而上学》有意追寻赖尔的经典著作《心灵的概念》，这本书提供了看待心灵的所有部分以及它们之间的关系的综合视角。麦金的《心灵的品性》一书也从对心灵的一般描述转换到更加具体的主题，如，知觉、思考、行为与自我，但与其他两本书相比，这本书的综合性没那么强，比如它没有涉及情感和想象。

除了这些，近年来大部分心灵哲学研究几乎无一例外地指向了心灵与身体关系方面的基础问题。这些问题看上去很神秘，令人着迷，其尚未得到解答，也有可能无解。我在附录中要对它们进行介绍。

由于这些问题很基础，因此我对它们的讨论将很简短。本书是为教师 196

和父母而写的，目的是向父母和教师泛泛地介绍儿童的心灵，其是他们所关心的更加实际的问题的背景。

在这背后，是对心灵如何与身体联系在一起的较深层次的哲学探讨。与本书的其他讨论相比，这个问题离教育实践比较远。这种较深层次的哲学争论似乎与他们不太相关，对他们没什么影响。父母和教师的工作明显受到外界对情感本质的讨论的启发，但是，却很难看到，教师和父母的工作如何明显地受到心灵可简化为或不可简化为身体的日益复杂的争论的影响（在过去的半个世纪里，这个领域的主要学者都专注于这个争论）。或许，随着学界对这些话题的深入讨论，这句话将会被证明是对的。

身与心之间交往吗?

我们可以在笛卡尔的理论中找到一种研究心灵与身体问题的方法，我在第 1 章中已简要地提及了这点。这种理论认为，心灵与身体是十分不同的物质或者存在物，在因果上相互作用。在感知觉中，这种作用方向就是从身体走向心灵，譬如，视觉神经的变化让我们看到事物。我们要写信的决定引起通往我们指尖肌肉的神经传输，这种作用方向是从心灵走向身体。笛卡尔相信，这种相互作用发生在大脑里的松果体中。

如果我们放弃笛卡尔的心灵概念，即心灵是非物质的，那么我们就能忽略这个问题——一个不具有物质特征的存在物如何与另外一个具有物质特征的存在物有因果关系。但是，无论如何，相互作用论并不必然地指向两个存在物之间的关系。我们可能会问，诸如主体看到什么或者想要什么等心灵现象如何与身体状态有联系？这个问题的答案仍旧可以是身心在因果上相互作用吗？

我有一颗坏牙让我感到疼。什么引起我的疼？答案显然是我的那颗坏牙。在此，我们似乎有无可争议的例子来说明单向的因果关系，即从身体到心灵。通过确认某个心灵因素引起了身体状态的改变，我们能够使身心相互作用的画面变完整吗？

下面这个例子行吗？我决定拿起一支铅笔，并且，我的确这样做了。197
不管拿起铅笔这个行为是否被彻底地理解，它至少涉及身体的某种变化：我的手指产生了神经冲动，其抓住了铅笔，我胳膊的肌肉移动了，神经元产生了神经冲动。什么引起了这些运动？有一些可以从因果上被追溯到另外一些运动：神经层面上的微小事件引起了可被观察到的明显的动作。但是，什么引起了微小的运动？一个明显的答案似乎是我拿起铅笔的决定。正是这个决定导致一系列动作产生，以我拿起铅笔告终。如果不是我的这个决定，这些运动就不会发生。我们好像发现了我们正在探讨的东西——心理事件引起了物理事件。更一般地说，我们好像找到了双向互动的一个例子，其没有依赖于笛卡尔的心灵实体理论。

但是，我们找到了吗？我们的决定真的引起了身体的运动吗？这里的一个困难在于，我们最为熟悉的因果机制的概念牢牢地依附于身体。这就是为什么我们更乐于接受一颗坏牙引起疼痛的说法，而对一个决定引起神经元变化的说法难以接受的原因。仅靠心灵现象，如一个决定，如何引起身体的变化？我们发现很难把这个过程解释清楚。其次，与这种异议一致，我们想当然地认为，当遇到纯粹的身体原因时，凡是一种身体现象或者状态 A 引起另一种现象或者状态 B，事件 A 反过来就必定是由其他物理现象或者状态引发的。有些身体现象或者状态的发生——却不能追溯到产生它们的其他身体现象或者状态，我们发现，我们很难想出这样的身体现象或者状态。如果真是这样，我们要如何解释神经的变化？是什么真正引起了神经的变化？它真的是主体所做的决定吗？或者，我们赞同第二种异议，那么，它是某种其他身体现象或者状态吗？如果它是后者，心灵的原因处于何种位置呢？

像这样的思考使得一些哲学家采取单向的而非双向的作用论的说法。按照这种观点，不存在身体事件的心灵原因，但是，可能存在心灵事件的身体原因：坏掉的牙齿能引起疼痛。单向作用论的通用名称是副现象论。它具有魅力是因为其越过了心灵原因的难处。我们牙疼的时候，必定有某种东西引起牙疼：它不是没有原因的事件。原因如果不在牙上，还会在哪
198 里呢？然而，副现象论的困难在于，它把灵性简单地归为身体的副产品，认为它无力去影响身体。这是违反直觉的。想象一下，在工业时代和后工业时代，人类改变世界的方式：创建工厂、城市，发明了飞机、太空飞船，等等。所有这些都表现了心灵对物质的作用。我们的思想和决定如何能仅仅是副产品，而不是因果机制本身呢？

我们不只是物质性的存在物吗?

我们在兜圈子。双向作用论的问题把我们引向副现象论，反之亦然。有其他选择吗？近几十年来，有一个选择受到很多哲学家的青睐，这就是物质主义或者唯物主义。基本上，这种理论宣称，只存在物质现象，因果关系只在这类现象中存在。

物质学家如何面对被我们称为心灵的领域呢？

他们有许多处理方式。行为主义者在哲学上坚持，在私人的、非物质的世界中，笛卡尔的心灵现象概念（仅指我们自己可以观察到的事件）将不起作用。灵性可以从外部被观察到。人们能看到你的智力、机智、行为中透露出的沮丧、你所说的事情、你的身体语言。例如，赖尔在《心灵的概念》中论证了这点，尤其是第二章。尽管他既不是坚定的物质主义者，也不是行为主义者，但吸引他的很明显是除笛卡尔之外的行为主义者。

行为主义的一个困难在于，它显然无力解释一些现象，诸如疼痛。当我牙疼时，我会皱眉或者托住下巴。但是，尽管这些被大家所观察到的事情可能在某种意义上是我牙疼的表现，但是，它们不是疼本身。的确，有

时，我感觉到疼，但我没有表现出来，例如，我可能假装自己不疼。这种经历似乎不能用行为主义的说法加以重述。

鉴于此，有物质学者指出，类似疼这样的经历当然存在，它们实际上等同于大脑的加工，如，神经元中的C型神经纤维的神经冲动。对同一个事物我们有不同的描述方式。例如，金星可以被叫作“启明星”，也可以被叫作“夜晚之星”，这取决于它被看到的时间。启明星是夜晚之星，199
这种说法是正确的。同样，一种特别的疼的感觉等同于一种特殊的C型神经纤维的神经冲动，这种说法也是正确的。在常被称作“唯物主义的核心状态”的观点看来，心灵的话语是无用的。没有独立的心灵状态和事件范畴。现实只是并且完全是物质性的。（在他们看来）心理学可以被取消，脑生理学应得到支持。心灵即大脑。

研究同一性的专家发现很难驳倒这种异议，即他们对疼是什么感觉的考虑并不对。如果疼和大脑的加工实际上是一回事，那么，如果一方是正确的，则另一方也是正确的。如果大脑的加工完全是物质性的，并且没有激发意识的特征，那么，我的牙疼也一定是如此。但是，忽略我牙疼时的经历——我遭受的钻心的疼痛——的特性，是对牙疼的严重歪曲。意识似乎不能被轻易地抹去。

中枢状态物质主义的另一个问题是，在确认了伴随大脑加工的心灵现象后，没有给这种可能性留下余地，即，灵性可能存在于不同于人类（或其他一些动物）的生物结构之中，比如，来自其他星球的生物，它们没有大脑，却具备我们所不知道的某种金属器官（其大体上能起到人脑所起到的作用）。类似这样的考虑，连接了所谓功能主义者对心灵的论述及其与物质的关系。对大多数功能主义者来说，心理现象不同于物理现象，它们被理解为几类物质运转的方式，例如，人类的身体、火星人的躯体、机器。人们从心理状态在输入与输出的因果关系模式中所处的地位这个角度理解它。我以信念为例。假设我相信“天正在下雨”的信念，是经由我大脑所接收的视觉、触觉输入而产生的。它反过来又引导我撑开伞或者站在商店的门口。正是由于这个关系模式很重要，在原则上，它可以在大脑和身体之外的其他物质中被复制。

伴随着近年的计算机革命，一种特别有影响力的功能主义形式已经形成。如果心灵在输入－输出关系上得到理解，即不必依赖于人的大脑和身体，那我们或许可以把心灵看作属于各种各样计算机硬件的“软件”，我
200 们也可以这样看大脑。人工智能理论在这一潮流中出现。就像人类的心灵被视作电脑软件一样，很多人接受了电脑本身能够思考的看法。

人们对功能主义，尤其是人工智能理论的接受度如何？在行为主义和同一理论中，我们看到，它们没有抓住有意识的心灵现象的主观感受，就像疼。功能主义也是如此。在这种叙述中，疼痛，例如牙疼是输入端与输出端之间的媒介，输入端是“硬件”的损坏，输出端是某些反应，如托住下巴或者寻找安慰。但是，如果以这种方式来理解疼，那我们的分析似乎遗漏了重要的东西，即牙疼的人的主观体验和独特感受。功能主义对心灵的论述似乎遗漏了其最核心的特征——意识。

以人工智能理论为代表的功能主义尤为如此。我们来想象一下，在输入（用键盘输入指令）和输出（如屏幕上的结果）之间，电脑可能会发生什么（不是我们今日所知道的电脑，而是将来更加先进的机器）。这些可能发生的事情从功能上等同于人类的思考。但是，是这样的吗？塞尔在论述“中文房间”时，生动地反驳了这种看法。

想象一下，在这个房间里，一个人回答屏幕上用中文提出的问题。这个人对中文一无所知，只是用指导手册来辨认每次出现的符号和她发现能构成答案的适当符号。她能够输出答案，却不明白任何一个中文符号所代表的意思。此时，她就像一台正在运行的电脑，不停地输出内容以回答问题。电脑像她一样，机械地遵从程序的指令，并不理解其含义。

这里所缺少的是普通人对问题做出反应时所呈现的指向性，也即主体理解问题的意思，理解她所给出的答案的意思。如果被问到“几点了”，主体的思维就会被导向这个问题。在回答“四点半”时，主体的意识被引

向另一个对象，以给出问题的正确答案。这点不适用于电脑，它只是按照设定做机械运动，无心灵可言。 201

塞尔的“中文房间”的思想实验并非没有遭到批判。我要谈一种反对意见。在房间里的人只是更大的体系的一部分。她不能等同于一台电脑，只能等同于一个单一的零件。人工智能的支持者没有主张晶体管有思考与理解能力（只有系统有这样的能力）。

如果我们考察20世纪后半段涌现出来的各种物质主义理论，如行为主义、认同理论、功能主义、人工智能，我们能看到，它们都尝试在物理学的范围内引出心灵。在这种观点下，理解心灵如何工作的问题就是这样的问题，即，探讨可观察的——正如生物学家和物理学家所做的那样，而不是探讨不可观察的（例如，纯粹的笛卡尔式的论述或者这一部分前面强调意向性与意识的论述）。在这些论述中，心灵生活不具有通常意义上的灵性的基本特征，因此上述理论实际上都忽视了心灵，而倾向于物质。

在物质主义的诸多形式中，有一种较新的物质主义尝试绕开心灵，其十分流行。我们在日常生活中所使用的大众心理学中的术语——“信念”“疼痛”“思考”“尝试”“想要”等等，通常具有主观性、意识、意向性的含义——不能给现实提供可靠的指导，我们最好不使用它们，转而用科学心理学中没有这些含义的术语。言下之意是，我们日常所具有的心灵状态和体验，例如深思熟虑、感到悲伤、疼、想要被人喜欢等，极有可能不存在：我们被语言误导了，认为它们存在。

用物理学的法则探讨心灵的决心为近几十年来心灵哲学的主要研究提供了动力。物质主义如今产生了大量的技术性理论，并且日益复杂。人们应该把它们和众多研究意识的生理学基础的工作区分开来（尽管人们经常同时追求这两者）。后者试图确认人类和非人类的神经系统中与心灵现象 202
有因果关系的区域。它们应该被区分开来，因为那些认为意识是非物质的某种东西的人可能也对意识的物质原因感兴趣。

尽管各种各样的物质主义在上半个世纪主导了这个领域，但是，也有很多哲学家并不接受物质主义。其中，最为有名的辩驳是由内格尔（1979）提出的，他在一篇题为《做一只蝙蝠感觉如何？》（What Is It Like to Be a Bat?）的文章中阐明了另外一种立场。内格尔探讨的主题是意识的特征，物质主义的理论在此遇到了最大的麻烦——意识的主观性。一只蝙蝠对世界的感觉与我们如此不同，它靠回声定位。我们很难了解或者不可能知道对于一只蝙蝠来说，从主观上而言，这样的体验是什么样子。但是，尽管我们从未知道这个问题的答案，这不同于想象我们在蝙蝠的体内，但有一点是对的，即拥有心灵生活的生物的主观方面的信息，是物质主义者尚未理解甚至永远无法理解的。

提出“中文房间”的塞尔是另外一位反对主流的物质主义观点的哲学家。在《重新发现心灵》（*The Rediscovery of Mind*）、《心灵、语言与社会》（*Mind, Language and Society*）中，他详尽地论证了物质主义的所有理论都名不副实。

争论仍在继续。能否得出结论，尚不清楚。也许某一天，物质主义会有确凿的证据证明，主观主义的视角是虚幻的或者头疼等同于物质。拒绝将意识归为无意识的二元论者会一直坚守自己的立场吗？或者，我们要相信，心灵－身体问题是无解的，并且永远如此，是这样吗？

父母和教师需要多少形而上学知识？

为什么我在一本专为父母和教师而写的心灵哲学著作的附录部分要介绍关于身心关系的争论？我希望至此原因已经很清楚了。原因就是，我们对这些形而上学问题的讨论与教育的相关性仍心存疑问，虽然它们本质上很有趣。尽管我们可以轻易看出，对于家长和教师来说，对心理学概念有
203 更清晰的认识是多么有用，但流行的心灵理论高度抽象化和技术性的观点对他们有何影响却并不明显。

对当今物质主义者的理论或者后续理论的争论，会不会有一天对家庭教育与学校教育的实践产生影响？或许会。但是，这一天还没有到来。这就是为什么我在附录中而不是在正文中讨论这个问题的原因。

小结与要点

第 1 章中关于心灵的论述能很好地被教师和父母运用到工作中。关于心灵及其与身体的关系——独揽心灵哲学家的注意力——有更深刻的问题值得探讨，但是，其与教育的相关性却不明显。我在这里对它们进行了简要介绍。

笛卡尔的心灵与身体的交互作用论在物理事件的心理原因方面遇到了困难。副现象论把心灵仅看作物质的副产品。上面所提到的两种二元主义理论，在 20 世纪上半叶受到物质主义的反对，物质主义对心灵进行了各种各样的论述。哲学中的行为主义把心灵生活视为可观察的行为或者性情。在论述感觉——如疼的感觉，这似乎不符合行为主义的模式——时所遇到的问题，使物质主义者提出了心灵理论，它把疼视为大脑的状态。

面对没有大脑、构造有别于人类和其他动物的生物，一些哲学家为了证明这些生物拥有心灵生活在理论上是可能的，他们开始把注意力转向功能主义者的理论。这种理论从输入与输出之间的因果关系的角度看心灵状态，而不管构成这个体系的是何种物质。在人工智能理论中，心灵被理解为电脑软件，与硬件相对，因此，产生了电脑思考问题的可能性的问题。近年来物质主义有许多其他的变种，包括这种观点，即大众心理学的术语最好被废除，用物理科学的话语取而代之。尽管它们在文献中占主流，但是，物质主义的诸多理论从不缺少批判者，他们批判它们没有恰当地关注体验的主观性。 204

让我们回到教育问题上来。关于心灵与物质之间关系的争论既是复杂的，也是基础的形而上学问题。它们与父母、教师工作的相关性目前仍不清楚。

拓展阅读

近年来，关于意识及其与身体的关系的观点，有一项非常棒的、绝对值得信赖的调查，调查成果见帕皮诺（D. Papineau）和塞利娜（H. Selina）的《意识简介》（*Introducing Consciousness*）一书。以下著作涵盖了本章所涉及的领域的传统观点：斯克鲁顿的《现代哲学》的第十六章和麦金的《心灵的品性》的第二章。关于心灵及其相关主题的条目，还可参见杭德里克的《牛津哲学指南》第569—580页的内容。埃尔（J. Heil）1998年出版的《心灵哲学》（*Philosophy of Mind*）对本章的主题进行了详细的讨论。格滕普兰主编的《心灵哲学手册》中有格滕普兰撰写的长篇介绍，他把心灵的表面特征与“深层基石”联系起来。内格尔的《做一只蝙蝠感觉如何？》收录在他的《死亡问题》（*Mortal Questions*）一书中。塞尔的文章具有清晰的文风，这点令人仰慕，他的作品具有可读性，非专业人士也很容易读懂。与本章主题相关的讨论，可参见他的《心灵、大脑和科学》（*Minds, Brains and Science*）、《重新发现心灵》、《心灵、语言与社会》。

参考文献

Clarke,F. (1923) *Essays in the Politics of Education*. Oxford: Oxford University Press.

Goleman, D. (1996) *Emotional Intelligence: Why it Can Matter Than IQ*. London: Bloomsbury.

Herrnstein, R. and Murray, A. (1994) *The Bell Curve: Intelligence and Class Structure in American Life*. London: Free Press.

MacIntyre, A. C. (1960) 'Purpose and intelligent action' *Proceedings of the Aristotelian Society* (Supplementary volume).

Nagel, T. (1979) 'The fragmentation of value' in his *Mortal Questions*. Cambridge: Cambridge University Press.

Pinker, S. (1997) *How the Mind Works*. London: Penguin.

Price, H. H. (1953) *Thinking and Experience*. London: Hutchinson.

Ryle, G. (1949) *The Concept of Mind*. London: Hutchinson.

Selleck, R. J. W. (1968) *The New Education: The English Background, 1870–1914*. London: Pitman.

White, J. (1998) *Do Howard Gardner's Multiple Intelligences Add Up?*. London: Institute of Education.

Wiseman,S. (1967) (ed.) *Intelligence and Ability*. Harmondsowrth: Penguin Books.

索　引

（本索引每个条目后所附页码为原书页码，即中文版边码）

出 版 人　郑豪杰
责任编辑　翁绮睿　王晶晶
版式设计　郝晓红
责任校对　贾静芳
责任印制　叶小峰

图书在版编目（CIP）数据

儿童的心灵 /（英）约翰·怀特著；邵燕楠译. —北京：教育科学出版社，2023.5
（约翰·怀特教育文集）
书名原文：The Child's Mind
ISBN 978-7-5191-2521-9

Ⅰ. ①儿…　Ⅱ. ①约…　②邵…　Ⅲ.①儿童心理学—教育心理学—文集　Ⅳ. ①G44-53

中国版本图书馆CIP数据核字（2021）第246523号
北京市版权局著作权合同登记　图字：01-2021-0222号

约翰·怀特教育文集
儿童的心灵
ERTONG DE XINLING

出版发行	教育科学出版社		
社　　址	北京·朝阳区安慧北里安园甲9号	邮　　编	100101
总编室电话	010-64981290	编辑部电话	010-64989363
出版部电话	010-64989487	市场部电话	010-64989009
传　　真	010-64891796	网　　址	http://www.esph.com.cn

经　　销	各地新华书店		
制　　作	北京京久科创文化有限公司		
印　　刷	唐山玺诚印务有限公司		
开　　本	720毫米×1020毫米　1/16	版　　次	2023年5月第1版
印　　张	15.5	印　　次	2023年5月第1次印刷
字　　数	205千	定　　价	52.00元

The Child's Mind
By John White